La Voluntad de Dios

por Betty Miller

Primera Edición Publicada 1980
Segunda Impresión 1982
Tercera Impresión 1983
Cuarta Impresión 1984
Quinta Impresión 1987
Sexta Impresión 1988
Séptima Impresión 1989
Octava Impresión 1994
Novena Impresión 2001
Décima Impresión 2003 Impresa a Pedido

La Voluntad de Dios

Derechos de Autor © 1980-2014

ISBN 978-1-57149-029-2

CHRIST UNLIMITED MINISTRIES, INC.
Pastor R.S. "Bud" Miller – Publicador
P.O. Box 850
Dewey, Arizona 86327
Todos los Derechos Reservados. Impreso en EE.UU.

Las citas bíblicas son tomadas de la versión Reina Valera a menos que se indique lo contrario.

Tabla de Materias

Prefacio _____ *vii*
Prólogo _____ *ix*
Créditos y Reconocimientos _____ *x*
Introducción _____ *xi*
La Voluntad de Dios _____ *1*
Logos y Rhema están de acuerdo _____ 1
¿Por qué no buscar "vellones" como Gedeón lo hizo? _____ 2
El "nuevo nacimiento" trae una nueva vida _____ 4
El sufrimiento por Cristo _____ 6
El sufrimiento de Job _____ 11
El aguijón de Pablo _____ 14
Las "aflicciones" de Pablo _____ 16
Siguiendo a Cristo _____ 17
Rendirse a la cruz _____ 19
La verdadera riqueza _____ 20
El compromiso con Dios _____ 22
El testimonio de la autora _____ 23
La mente renovada _____ 26
Caminando en Su voluntad _____ 28
Orgullo espiritual _____ 31
Los pasos de Mi Hijo _____ 34
Nota Posterior _____ *36*
Para Estudio Adicional _____ *37*
Propósito y Visión _____ *42*

Prefacio

Saludos en el nombre de nuestro Señor Jesucristo:

Presento este libro para al cuerpo de Cristo como el Espíritu Santo me lo presentó. Te reto a que permitas que el Espíritu de la verdad de Dios, y la Biblia, confirmen la exactitud de las palabras contenidas en estas páginas. Este libro forma parte de un curso completo de estudios sobre el estudio de la Biblia llamado Sobreponiéndose a la Vida. Esta serie es una "caja de herramientas espirituales" ya que cubre una multitud de temas que enfrenta cada cristiano en su caminar con Dios. También responde a las preguntas que muchos creyentes tienen con respecto al movimiento actual sobre Dios. Estos son tratados en un enfoque equilibrado y a la luz de las Escrituras. ¡El pueblo de Dios no está para vivir frustrado, derrotado en vida, sino que están para ser vencedores victoriosos! Para un estudio más profundo, cada uno de estos libros tiene un cuaderno de trabajo disponible en versión impresa. Este libro y serie también se dirige a todos los buscadores de la verdad que no conocen AL CRISTO ILIMITADO, ya que sería un privilegio para mí presentarle a Él.

Durante los primeros años de ministerio, se me dificultaba como aprender a escuchar la voz de Dios. Una vez, mientras nerviosamente esperaba hablar ante una gran audiencia, y no estaba segura sobre qué tema debería de hablar, le hice rezándole al Señor esta pregunta: "Señor, ¿qué voy a decirle a toda esta gente?" En mi espíritu, le oí responder muy claramente, "Betty, yo tenía la esperanza de que no dijeras nada, ya que yo tenía muchas ganas de hablar". Sí, Él quiere hablar a través de nosotros, cuando nos entregamos a Su Espíritu. Me di cuenta que al entregarse al Señor y con la guía del Espíritu Santo no solo son posibles, sino que son el único camino que Él quiere que hagamos su ministerio. **"Porque no sois vosotros los que habláis, sino el Espíritu de vuestro Padre que habla en vosotros"** (Mateo 10:20).

Este libro es un obsequio del Espíritu Santo. No tomo ningún crédito por este libro. Si algo en estas páginas te bendice, te ilumina, te acerca a Dios, te libera del miedo o de la esclavitud, o te cura o te entrega, por favor eleva tu voz en alabanza al precioso Salvador de nuestras almas, ¡Jesucristo nuestro Señor! Si por otro lado, tú encuentras alguna de estas cosas difícil de recibir, difícil de entender, o totalmente herética desde tu punto de vista, te alentamos a buscar al Señor y preguntarle si esto podría ser la verdad. Con el corazón abierto y sincero, ¿le pedirías a Dios que te ayude a cambiar tus ideas preconcebidas, y a liberte de las tradiciones para recibir de Él, Su verdad? Su verdad siempre trae libertad, nunca la esclavitud. **"Y conoceréis la verdad, y la verdad os hará libres" (Juan 8:32).**

Al caminar con el Señor, he encontrado que debemos obedecer las cosas que nosotros sentimos que Él nos está diciendo. En mi vida personal, yo solía tener miedo de hablar por el Señor, porque tenía mucho miedo de perderle y de cometer errores. Él, por supuesto, ahora me ha liberado de todos mis temores. ¡Alabado sea Él! Él me ha animado a no renunciar debido a los errores, cuando me dijo estas palabras: "Betty, si recibo la gloria y la alabanza por todas las cosas que son una bendición para la gente, también recibo la responsabilidad por tus errores, siempre y cuando está tratando de complacerme. Yo soy capaz de hacer incluso esta tarea para tu bien". **"Y sabemos que todas las cosas ayudan a bien a los que aman a Dios, a los que son llamados conforme a su propósito" (Romanos 8:28).** ¡Servimos a un maravilloso, amoroso Dios, que nos anima a seguirlo y obedecerlo para que podamos ser bendecidos, y a su vez bendigamos a los demás!

Este libro fue escrito como un acto de obediencia hacia el Señor, a quien amo mucho. Considero un honor el escribir para El. Hace años, cuando estaba en oración, el Señor me dijo que yo iba a escribir un libro, pero nunca sentí que era el tiempo apropiado para Dios, ni tampoco sentí la unción para comenzar este trabajo hasta ahora. Durante el año pasado Dios ha realizado una serie de milagros para confirmar que este es el tiempo para Él, y ha realizado los arreglos para que esto sea una realidad.

Rezo para que este libro, junto con la serie de Sobreponiéndose a la Vida, pueda ayudarte a aprender como caminar más cerca de nuestro Señor, ya que Él es el ¡CRISTO ILIMITADO!

Soy por Su amor,
Un siervo del Señor,

Betty Miller
Febrero, 1980

"Si alguno quiere hacer su voluntad, conocerá si la doctrina es de Dios, o si yo hablo de mí mismo" (Juan 7:17).

Prólogo

Me pareció natural que yo escribiera la introducción de este libro ya que mi esposa, Betty, y yo, somos "una sola carne." Dios, por medio del Espíritu Santo, ha dado por revelación a Betty muchas verdades sobre Su Palabra, que han sido presentados en este libro.

El Señor le hablo a Betty hace como diez años diciéndole que ella iba a escribir un libro para Él, y que Él arreglaría el momento y el lugar correcto para escribirlo. Betty simplemente tomo esta visión y la mantuvo a un lado hasta que Dios empezó a "despertar" su espíritu para impulsarla hacia este libro. Una mañana, muy temprano, Betty se despertó, y comenzó a escribir como el Señor le iba dictando. Al darle esta pequeña porción del libro, le mostró que, a través de la entrega a su Espíritu, y el rendimiento completo a Él, Él la alimentaria con el mensaje que quiso compartir con el cuerpo de Cristo. Él también le revelo que tan rápido y fácil sería terminado el libro. Los mensajes que Dios ha dado en esta serie de Sobreponiéndose a la Vida son para todos los que quieren ser vencedores y que quieren ser "conformes a la imagen de su Hijo" **(Romanos 8:29)**. Nuestro Señor no está satisfecho de que una persona siga siendo un "bebé" en Cristo, pero anhela que cada "bebé" crezca y llegue a la madurez. Él desea que debiéramos tratar de convertirnos en vencedores, vivir la vida que vence, y reclamar las promesas de la herencia de todas las cosas que han de entregarse a los vencedores.

Agradezco a Dios que Él me ha permitido compartir tal amor tan estrecha y la compañía de Betty. Yo sé que dentro de su corazón, ella no tiene ambiciones personales, no con fines personales para lograr esta obra. Betty simplemente ha estado haciendo la voluntad del Padre en la redacción de este libro ungido. Que el Señor te bendiga con este libro, como Él nos ha bendecido al ser parte de Su obra.

Suyo en Cristo,

Pastor R.S. "Bud" Miller

"El que venciere heredará todas las cosas; y yo seré su Dios y él será mi hijo" (Apocalipsis 21:7).

Créditos y Reconocimientos

¡Toda la alabanza y mérito es para **el Cristo Ilimitado**!

Verdaderamente Cristo, el Padre, y el Espíritu Santo son merecedores de alabanza, no sólo por este libro, sino por nuestras propias vidas. Su sacrificio en el Calvario hizo posible conocer a Él y a todos los miembros de la familia de Dios.

Al igual que con la impresión de cualquier libro, hay una gran cantidad de gente responsable por las palabras en estas páginas, palabras físicas así como a las palabras espirituales. Todas las personas que alguna vez han sido parte de mi vida, todas las personas que han orado y apoyado este ministerio, mis amigos y mi familia han realmente contribuido con esta obra. Especial crédito se debe dar a mi marido, Bud, puesto que sus fieles y oraciones amorosas, su ánimo, y liderazgo, y su amor son una gran parte de este libro. Además, quiero expresar mi gratitud a todos cuyos libros y artículos he leído, a los ministros del Evangelio, cuyos sermones he escuchado, ya que cada uno de ellos ha contribuido, en cierta medida, a este libro. La lista es interminable, pero la eternidad tiene los registros. Así que en lugar de nombrar a las personas individualmente en esta página y darles crédito terrenal, prefiero que el Señor Jesucristo recompense a cada uno, de la manera que sólo Él puede hacerlo. Que Dios los bendiga a todos, y que se sorprendan al abrir la caja que contiene sus tesoros celestiales.

"Porque el Hijo del Hombre vendrá en la gloria de su Padre con sus ángeles, y entonces pagará a cada uno conforme a sus obras" (Mateo 16:27).

Introducción

La Voluntad de Dios es el tercer libro dentro de la **Serie de Sobreponiéndose a la Vida** y te enseña que el primer paso para hacer la voluntad de Dios es el conocer la voluntad de Dios. En este libro, junto con su cuaderno de trabajo que lo acompaña, te ensena a como conocer la voluntad de Dios de acuerdo a tu vida personal, a tu familia, a tu ministerio y a tus finanzas. También sabrás porque Dios permite el pecado, la enfermedad y el sufrimiento en el mundo.

Existen leyes espirituales que rigen el funcionamiento de lo Divino como lo Satánico, y el conocimiento de esto te revelará el origen de la experiencia sobrenatural. Satanás usa los engaños para hacer que los creyentes acepten cosas que no vienen de Dios.

La Voluntad de Dios te provee la verdad sobre lo que Dios hace y no hace, para que asiera el creyente este equipado con el conocimiento necesario para resistir a Satanás. Si el creyente no tiene este juicio, no podrá tomar una actitud de resistencia contra una cosa que él cree que es de Dios, así que el enemigo prevalecerá sobre él.

Muchas cosas que la gente atribuye a la soberanía de Dios no son más que el resultado de la obra Satánica de la dominación del mundo.

Como vencedores, los Cristianos no se supone que deberían sufrir por muchas cosas las cuales han sido aceptadas como normales. Dios nunca hará nada fuera de su Palabra y de su carácter como se muestra en este libro.

La Voluntad de Dios

"No sirviendo al ojo, como los que quieren agradar a los hombres, sino como siervos de Cristo, de corazón haciendo la voluntad de Dios" (Efesios 6:6).

Logos y Rhema están de acuerdo

Muchas personas quieren saber cuál es la voluntad de Dios para su vida. A menudo escuchamos decir a alguien: "Si solamente supiera cuál es la voluntad de Dios para mi vida, la cumpliría...". Gran cantidad de cristianos sinceros busca a Dios para conocer Su voluntad, pero parece no hallar ninguna respuesta satisfactoria. La causa de ello es que no existe ninguna respuesta "exacta" fuera de lo que dice la Biblia. La mejor definición de la voluntad de Dios sería que Su Palabra es Su voluntad. Si algo en nuestra vida no concuerda con Su Palabra, entonces no es Su voluntad para nosotros. Por el contrario, si encontramos algo en Su Palabra que no está en nuestra vida, entonces es Su voluntad que lo recibamos.

Para enseñar acerca de la voluntad de Dios bajo esta luz, es necesario que comprendamos ante todo y específicamente qué es la Palabra de Dios. En el Nuevo Testamento, escrito en griego, vemos dos significados para la Palabra de Dios: "logos" y "rhema". El primer significado de Palabra de Dios, es decir, "logos", denota La Palabra, un título del Hijo de Dios. **"En el principio era el Verbo, y el Verbo era con Dios, y el Verbo era Dios" (Juan 1:1). "Y aquel Verbo fue hecho carne, y habitó entre nosotros (y vimos su gloria, gloria como del unigénito del Padre), lleno de gracia y de verdad" (Juan 1:14).** "Logos" indica también los dichos y las afirmaciones expresados por Dios, la Palabra escrita, que contiene la Biblia. Dice **2 Timoteo 3:16 y 17, "Toda la Escritura es inspirada por Dios, y útil para enseñar, para redargüir, para corregir, para instruir en justicia, a fin de que el hombre de Dios sea perfecto, enteramente preparado para toda buena obra".** A través de este versículo vemos que la Palabra de Dios -- Su voluntad -- da lugar a un hombre que es perfecto. De modo que, si caminamos en la vida de acuerdo con lo que expresa la Biblia, haremos Su perfecta voluntad.

El otro significado de la Palabra de Dios, "rhema", es la Palabra hablada a nuestro espíritu. **Juan 6:63** declara, **"El espíritu es el que da vida; la carne para nada aprovecha; las palabras que yo os he hablado son espíritu y son vida".** La primera Palabra -- "logos" -- alude a la totalidad de la Palabra de Dios escrita; la otra Palabra -- "rhema" -- es la escritura individual que el Espíritu trae a nuestra memoria para usar cuando lo necesitamos, o es la voz que escuchamos en el espíritu cuando el Señor nos habla. "Rhema" puede darse también bajo la forma de una profecía. Cuando es así, tiene vida para nosotros, vive en nuestro espíritu. Todas las palabras "rhema" deben coincidir con las palabras "logos".

Las palabras proféticas deberían probarse al igual que probamos o examinamos otras cosas que llegan a nosotros. Jamás construyamos nuestra vida sobre la base de una profecía o de una visión. Por lo general, el Señor usa la profecía para confirmar lo que Él ya nos dijo. Habitualmente no nos guía por medio de una palabra profética; pero, si lo hace, será fácil comprender y dará testimonio a nuestro corazón de que es Él quien habla. Siempre debemos estar guiados por el Espíritu Santo y Su Palabra, y sólo en raras ocasiones a través de profecías o de "vellones de lana".

¿Por qué no buscar "vellones" como Gedeón lo hizo?

¿Qué son los "vellones"? El término se refiere a un método para buscar a Dios que registra el Antiguo Testamento. En el libro de Jueces se lee sobre un hombre llamado Gedeón que buscaba dirección divina de modo inusual. Era un guerrero que defendía a su pueblo de los enemigos de Israel y era juez de Israel. Madianitas y amalecitas habían venido a luchar contra él. Como Gedeón era un hombre llamado por Dios, Él ya le había hablado acerca de la batalla, prometiéndole estar con él y que derrotaría a los madianitas (**Jueces 6:16**). Gedeón comenzó a dudar de Dios al ver acercarse al enemigo. Aún hoy, hacemos lo mismo y decimos al Señor las palabras de **Jueces 6:36-40:**

Y Gedeón dijo a Dios: Si has de salvar a Israel por mi mano, como has dicho, he aquí que yo pondré un vellón de lana en la era; y si el rocío estuviere en el vellón solamente, quedando seca toda la otra tierra, entonces entenderé que salvarás a Israel por mi mano, como lo has dicho. Y aconteció así pues cuando se levantó de

mañana, exprimió el vellón y saco de él el rocío, un tazón lleno de agua. Mas Gedeón dijo a Dios: No se encienda tu ira contra mí, si aún hablare esta vez; solamente probaré ahora otra vez con el vellón. Te ruego que solamente el vellón quede seco, y el rocío sobre la tierra. Y aquella noche lo hizo Dios así; sólo el vellón quedó seco, y en toda la tierra hubo rocío.

Gedeón sabía que estaba mal probar a Dios, pues le pidió al Señor que no se enojara por su insistencia y que estaba mal el proponer esta prueba a Dios.

A menudo en la actualidad proponemos los mismos "vellones" a Dios, y decimos: "Señor, si haces así y así, yo haré esto y esto", o "Si haces que esto suceda, Dios, sabré que es Tu voluntad que haga esto otro". No deberíamos tentar a Dios con semejantes propuestas porque tenemos Su Espíritu en nosotros para guiarnos. No debemos permitir que las circunstancias nos guíen, porque Satanás puede dar lugar a la situación que estamos proponiendo y, de esta manera, desviarnos y confundirnos creyendo que es de Dios. No obstante, a veces, el Señor usa las circunstancias para guiarnos, pero debe ser Su elección y no la nuestra. Dios arregla no sólo las circunstancias externas sino también las interiores cuando nos guía en la dirección que debemos andar. Las situaciones que Dios arregla o acondiciona siempre concuerdan con Su Palabra. Debemos probar tanto las circunstancias como las situaciones para ver si son del Señor o si es cosa del enemigo, al menos que nos dejemos envolver con los vientos del destino, o de la suerte. Un cristiano maduro jamás será víctima de las circunstancias, tendrá la mente de Cristo y está guiado por el Espíritu Santo en todos sus asuntos. Proponer "vellones" al Señor es muestra de inmadurez. Cuando somos "bebés" en Cristo, con frecuencia Él honra nuestras peticiones porque aún no sabemos claramente cómo recibir Su guía. Nos responderá tal como hizo con Gedeón, pero Él no quiere que insistamos en buscar Su guía de esa manera y, si persistimos, podemos convertirnos en víctimas del diablo y ser engañados. Permitamos que el Espíritu nos guíe y caminemos de acuerdo con Su Palabra, así no nos alejaremos de Su voluntad para nuestra vida. Entonces conoceremos Su Palabra: "logos" y "rhema".

No obstante, conocer la Palabra no es suficiente. Algunos han memorizado la Biblia y tienen un conocimiento intelectual, pero no la conocen con el corazón. Permitamos que la Palabra de Dios eche raíces en nuestro corazón para que sea eficaz en nuestra vida. La actitud del corazón hacia Dios y la relación diaria con Jesús determinan nuestro camino con Él. Si mantenemos la comunión con Dios, podremos decir como el salmista David, **"El hacer tu voluntad, Dios mío, me ha agradado, y tu ley está en medio de mi corazón"** (Salmo 40:8).

El "nuevo **nacimiento**" trae una nueva vida

El primer paso es venir al conocimiento del Señor y experimentar el "nuevo nacimiento". Cuando recibimos al Hijo de Dios como nuestro Salvador, nos hacemos acreedores a numerosas promesas. Miremos una de estas promesas en **1 Juan 5:11-15**:

Y éste es el testimonio: que Dios nos ha dado vida eterna; y esta vida está en su Hijo. El que tiene al Hijo, tiene la vida; el que no tiene al Hijo de Dios no tiene la vida. Estas cosas os he escrito a vosotros que creéis en el nombre del Hijo de Dios, para que sepáis que tenéis vida eterna, y para que creáis en el nombre del Hijo de Dios.

Y ésta es la confianza que tenemos en él, que si pedimos alguna cosa conforme a su voluntad, él nos oye. Y si sabemos que él nos oye en cualquiera cosa que pidamos, sabemos que tenemos las peticiones que le hayamos hecho.

Si pedimos cualquier cosa de acuerdo con Su voluntad, nos escucha y responde.

Entonces, ¿por qué no estamos recibiendo la respuesta a nuestras oraciones? Tal vez porque no sabemos cuál es la voluntad de Dios acerca de una situación específica, o porque no conocemos las condiciones a través de las cuales Dios obra. Tanto Su voluntad como Sus condiciones para recibir están en Su Palabra. Debemos satisfacer ciertas condiciones y regirnos por ciertos principios para recibir las bendiciones divinas y los deseos de nuestro corazón.

Podríamos comparar esto con el ser dueño de un auto y conducirlo. Podemos tener un vehículo pero aun así no saber conducirlo y, en tal caso, no sería de ningún beneficio para nosotros. También podemos conocer la Palabra de Dios y no saber cómo aplicarla, con lo cual tampoco nos sería de beneficio. Para manejar un automóvil, debemos respetar ciertas reglas, o terminaremos "chocando". Esto también es válido al caminar en la voluntad de Dios. Tenemos que seguir ciertas reglas, o también nosotros terminaremos en un choque". Dios no tiene la culpa si nuestras oraciones no reciben respuesta, sino nosotros. Debemos permanecer atentos a las reglas si queremos alcanzar la vida cristiana victoriosa, precisamos respetarlas si deseamos ser exitosos.

Una de las primeras reglas en el andar cristiano es la necesidad de entregarse por completo a Dios. Muchos "fracasos de la fe" ocurren por la omisión de las primeras reglas, o porque se dejan de lado otras no menos importantes. Gran cantidad de personas ha experimentado "naufragios espirituales" precisamente a causa de esto, aunque habían orado por algo con gran fe. Sus oraciones quedaban sin respuesta porque otros requisitos -- aparte de la fe -- eran también necesarios. Satanás usa estas oraciones sin respuesta para desalentarnos. Se empeña en echar la culpa a Dios destruyendo, de esta manera, la fe de muchos.

Al mirar la Palabra de Dios, podemos discernir muchas cosas que, obviamente, es Su voluntad que las pidamos con confianza. Sabemos que el Señor quiere sanarnos y que siempre Su voluntad es hacerlo. En **3 Juan 1:2** leemos, **"Amado, yo deseo que tú seas prosperado en todas las cosas, y que tengas salud, así como prospera tu alma"**. **1 Tesalonicenses 5:23** declara, **"Y el mismo Dios de paz os santifique por completo; y todo vuestro ser, espíritu, alma y cuerpo, sea guardado irreprensible para la venida de nuestro Señor Jesucristo"**. También en **Lucas 11** donde encontramos la oración del Señor, dice, **"Hágase tu voluntad, como en el cielo, así también en la tierra"**. En el cielo no hay enfermedad de modo que sabemos que Su voluntad es que tampoco haya enfermedad en la tierra. Nos quiere sanos en espíritu, alma y cuerpo.

Cuando Jesús caminaba por esta tierra, sanaba a todos los enfermos que se acercaban a Él. Ahora, que ha vuelto al cielo, envió al Espíritu Santo para continuar las obras que Él hizo mientras estuvo aquí. Tenemos acceso al poder del Espíritu Santo que nos capacita para hacer los milagros que hacía Jesús. ¡Qué verdad tan gloriosa para recibir en nuestro corazón!

Dios no quiere que ninguno perezca ni se condene. En **2 Pedro 3:9** leemos, **"El Señor no retarda su promesa, según algunos la tienen por tardanza, sino que es paciente para con nosotros, no queriendo que ninguno perezca, sino que todos procedan al arrepentimiento"**. Tampoco quiere Dios que estemos enfermos. Es verdad que todos no van a aceptar el don de la salvación de Dios, así como todos no van a aceptar Su sangre expiatoria para sanidad. Algunos, aun después de oír el mensaje de la sanidad divina, siguen creyendo las mentiras del enemigo y piensan que no es para este tiempo, o creen que no es la voluntad de Dios que sanen porque están "padeciendo por Cristo". No somos llamados a sufrir por Cristo a través de la enfermedad.

El sufrimiento por Cristo

El verdadero sufrimiento por Cristo es siempre por elección. Consiste en entregar la vida por otros. El sufrimiento y la muerte de Jesús en la cruz del Calvario constituyen el ejemplo supremo del sufrimiento por otros. Jesús dijo en **Juan 10:17 y 18, "Por eso me ama el Padre, porque yo pongo mi vida, para volverla a tomar. Nadie me la quita, sino que yo de mí mismo el pongo. Tengo poder para ponerla, y tengo poder para volverla a tomar. Este mandamiento recibí de mi Padre".** Jesús padeció porque Él eligió hacerlo. Pablo es otro ejemplo de sufrimiento voluntario por Cristo, porque también eligió sufrir. Pudo haberse rehusado, pero eligió ir a Jerusalén aun cuando estaba profetizado que ligaduras y aflicciones le esperaban. **Hechos 21:13** registra su respuesta mientras el Espíritu Santo, hablando a través de Agabo, le decía su suerte, **"Entonces Pablo respondió: ¿Qué hacéis llorando y quebrantándome el corazón? Porque yo estoy dispuesto no sólo a ser atado, más aun a morir en Jerusalén por el nombre del Señor Jesús".**

¿Cómo sufrimos por Cristo hoy día? Padecemos por Él cuando permanecemos en un lugar difícil en vez de escapar, con la esperanza de que la redención también sea real en la vida de aquellos que nos malinterpretan. Sufrimos por Cristo cuando elegimos ayunar en lugar de comer; cuando dejamos nuestro cómodo hogar para salir al campo misionero contaminado y pagano; cuando ponemos la otra mejilla; cuando pagamos una factura que no es nuestra; cuando hacemos "la segunda milla"; cuando nos levantamos muy temprano para orar; cuando ministramos en circunstancias que no son convenientes para nosotros. Existen muchas formas de sufrimiento igualmente válidas a las heridas que Pablo recibió por el Señor. Podemos soportar el dolor emocional y físico a medida que nos desprendemos de aquellas cosas que pudimos tener en este mundo, haciéndolo tan sólo por causa del reino de Dios.

Sufrir por enfermedad no es una forma del sufrimiento por Cristo, porque Él ya pagó el precio en el Calvario no solamente por nuestro pecado sino además por nuestra enfermedad. La palabra griega "sozo" se usa indistintamente para "salvar" y "sanar" en todo el Nuevo

Testamento. Dios no quiere que estemos enfermos como tampoco quiere que retengamos el pecado. Si pagó por ello en la cruz, no tenemos por qué cargarlo hoy. **Isaías 53:5** dice, **"Mas él herido fue por nuestras rebeliones, molido por nuestros pecados; el castigo de nuestra paz fue sobre él, y por su llaga fuimos nosotros curados"**.

Tal vez una de las cosas que nos lleva a pensar que Dios está detrás de todo sufrimiento sea nuestra falta de comprensión de las diferentes formas de sufrir. Notemos que el término griego para "sufrimiento" significa "cargar", "soportar".

Cuando venimos al Señor, la mayor parte de nuestro sufrimiento se debe a que hemos quebrantado las leyes espirituales y físicas. Esta forma de sufrimiento se da tanto en la vida de los cristianos como en la de los que no son cristianos. Sin embargo, si caminamos con el Señor, nos sacará de esta clase de sufrimiento puesto que es el resultado del pecado. Jesús padeció en la cruz para librarnos de esto. Las formas de este sufrimiento serían enfermedad, depresión, temor, pobreza, impureza, tormento, problemas emocionales derivados de divorcio o relaciones rotas, ansiedad, soledad, angustia, tensión, desorden, confusión, etcétera.

Otras formas de sufrimiento son las que se ven en aquellos cristianos que viven de manera consagrada y padecen, por ello, el abuso de lenguas que falsamente les acusan. Su carne sufre cuando resisten la tentación del pecado; cuando, a pesar de que les duele el corazón, abandonan familia y amigos para llevar el mensaje de Cristo a otros; u otros que sufren un "yugo desigual" por estar unidos a una pareja no salva.

1 Pedro 4:15 y 16 dice, **"Así que, ninguno de vosotros padezca como homicida, o ladrón, o malhechor, o por entremeterse en lo ajeno; pero si alguno padece como cristiano, no se avergüence, sino glorifique a Dios por ello"**.

Y el **versículo 19** afirma, **"De modo que los que padecen según la voluntad de Dios, encomienden sus almas al fiel Creador, y hagan el bien"**.

Cuando no tenemos suficiente conocimiento para discernir entre el sufrimiento bajo la mano de Satanás y el soportar por la causa de Cristo, podemos ser engañados por el enemigo y aceptar cosas que el Señor no quiere que padezcamos.

Un buen camino para tratar los problemas de esta naturaleza consiste en enfocarlos con actitud sumisa ante el Señor, pidiendo que nos revele qué desea que hagamos. **Santiago 4:7 y 8** declara, **"Someteos, pues, a Dios; resistid al diablo, y huirá de vosotros. Acercaos a Dios, y él se** acercará a vosotros. Pecadores, limpiad las manos; y vosotros los de doble ánimo, purificad vuestros corazones".

Son muchos los cristianos honestos y sinceros que han cumplido fielmente la primera parte del **verso 7** pero han descuidado la segunda. Porque en realidad no han resistido al diablo. Se han vuelto de doble ánimo, creyendo que algo que proviene de Satanás es de Dios, y así el enemigo ha puesto indecibles sufrimientos en su vida.

Si expresáramos nuestra oración a Dios en los siguientes términos, ello podría evitarse: "Padre, vengo a Ti en el nombre de Jesús. Voluntariamente me comprometo a hacer todo lo que me pidas, y soportaré y sufriré todo lo que pongas delante de mí; pero no recibiré aquellas cosas que el diablo tratara de poner en mí. Me rindo a Ti, Señor, y si quieres que continúe sufriendo, estoy dispuesto porque sé que me darás abundancia de gracia. Pero resisto al diablo y los abusos que intentara poner en mi vida".

Si Dios nos llama a soportar algo, siempre nos dará la paz, la gracia y la fortaleza necesarias para pasar por esto victoriosamente. Sin embargo, si el diablo está detrás de algo, nos agobiará, destruirá nuestra paz y, eventualmente, nos derrotará.

Muchos padecen enfermedades convencidos de que están sufriendo por el Señor, y hasta mueren después de terribles agonías dejando la familia con grandes cuentas que pagar a los médicos y un sinfín de emociones destruidas. De ninguna manera esto puede provenir del Señor. Cuántos hemos soportado situaciones que no eran la voluntad de Dios sólo por falta de conocimiento de Su Palabra. No hemos comprendido los caminos del Señor, ni nuestros derechos en Cristo y, por lo tanto, hemos padecido numerosos fracasos. **"Mi pueblo fue destruido, porque le faltó conocimiento. Por cuanto desechaste el conocimiento, yo te echaré..." (Oseas 4:6).**

No permitamos que el diablo nos condene por los fracasos del pasado ocurridos cuando no teníamos la luz, sino que busquemos a Dios hoy para las victorias de hoy.

¡Nuestro Dios es un Dios de victoria! La única manera en la cual Dios puede glorificarse por nuestra enfermedad es que seamos sanados. Entonces podremos declarar la misericordia del Gran Médico frente a otras personas. Podremos dar testimonio del poder sanador de Dios y así glorificar Su nombre.

Jesús nunca tuvo ningún tipo de enfermedad en su cuerpo. Sufrió, pero nunca por enfermedad. **"Y aunque era Hijo, por lo que padeció** aprendió la obediencia; y habiendo sido perfeccionado, vino a ser autor de eterna salvación para todos los que le obedecen" (Hebreos 5:8 y 9).** Jesús es nuestro ejemplo. No deberíamos mirar a otra gente y sus experiencias, sino mantener los ojos en el Señor y buscar el ser como Él. Si Jesús nunca se enfermó, tampoco nosotros deberíamos sufrir con enfermedades.

¿Qué sufrimientos soportó Jesús? Era un hombre perfecto de modo que sabemos que no fue por el pecado sino más bien porque no pecó. Resistió el "empuje" de la carne y sus deseos para no pecar contra Dios. Los apetitos de la carne deben vencerse a través del sufrimiento, y no rindiéndose a los deseos que se oponen a la voluntad de Dios. Vemos que esta clase de sufrimiento incluye un acto de nuestra voluntad, porque elegimos sufrir en vez de desagradar al Señor.

El supremo sufrimiento es compartir el sufrimiento de Cristo. En **Filipenses 1:29** dice, **"Porque a vosotros os es concedido a causa de Cristo, no sólo que creáis en él, sino también que padezcáis por él".** Esta forma de sufrimiento sólo se da cuando elegimos seguir totalmente las huellas de Jesús. Incluye la muerte completa al yo y la diaria crucifixión frente a los propios caminos a cambio de una entrega incondicional a los caminos de Él. Pablo escogió esta senda y, en última instancia, se convirtió en un vencedor que participó de la plenitud del Hijo de Dios. Este es el destino de todos los que eligen identificarse con Cristo en Sus padecimientos.

No nos resultará una carga someternos a este sufrimiento si nuestra mente permanece fija en el premio que nos espera junto a todos los que siguen fielmente Sus pasos. **"Palabra fiel es ésta: Si somos muertos con él también viviremos con él; si sufrimos, también reinaremos con él; si le negáramos, él también nos negará" (2 Timoteo 2:11 y 12).** Gobernaremos y reinaremos con Él cuando regrese a esta tierra, si sufrimos con Él. No todo el cuerpo de Cristo gobernará y reinará, sino quienes hayan sido hechos conforme a Su imagen y hayan aprendido a gobernar y reinar en esta vida. **"A fin de conocerle, y el poder de su resurrección, y la participación de sus padecimientos, llegando a ser semejantes a él en su muerte,...prosigo a la meta, al premio del supremo llamamiento de Dios en Cristo Jesús" (Filipenses 3:10 y 14).**

Tan grandioso llamamiento exige todo de nosotros y que experimentemos los sufrimientos hoy ausentes en el cuerpo de Cristo, incluso como Pablo. **"Ahora me gozo en lo que padezco por vosotros,** y cumplo en mi carne lo que falta de las aflicciones de Cristo por su cuerpo, que es la iglesia" (Colosenses 1:24). Encontramos la senda que conduce al reinado con el Señor a través del sufrimiento.

Cuando dos de los discípulos se acercaron a Jesús deseando un puesto de liderazgo con Él, la respuesta del Maestro claramente señalaba esta verdad. Veamos **Marcos 10:37-40, "Ellos le dijeron: Concédenos que en tu gloria nos sentemos el uno a tu derecha, y el otro a tu izquierda. Entonces Jesús les dijo: No sabéis lo que pedís. ¿Podéis beber del vaso que yo bebo, o ser bautizados con el bautismo con que yo soy bautizado? Ellos dijeron: Podemos. Jesús les dijo: A la verdad, del vaso que yo bebo, beberéis, y con el bautismo con que yo soy bautizado, seréis bautizados; pero el sentaros a mi derecha y a mi izquierda, no es mío darlo, sino a aquellos para quienes está preparado"**. Los vencedores serán bautizados con un bautismo de sufrimiento, tal como Jesús. Pero, así como Él pudo soportar la cruz por el gozo puesto delante de Él, también los vencedores atravesarán el camino del padecimiento con igual gozo y gracia. **"Puestos los ojos en Jesús, el autor y consumador de la fe, el cual por el gozo puesto delante de él sufrió la cruz, menospreciando el oprobio, y se sentó a la diestra del trono de Dios" (Hebreos 12:2).**

Podemos ver tres formas de sufrimiento: (1) sufrimiento por el pecado y el egoísmo; (2) sufrimiento en lugar de otros; (3) sufrimiento por Cristo. En **Mateo 13** encontramos la parábola del sembrador y la semilla. Al leerla, descubrimos que los cristianos producen fruto en su vida. Algunos al treinta por ciento, otros al sesenta por ciento, y otros al ciento por ciento. Estableciendo un paralelismo entre esta parábola y la enseñanza sobre el sufrimiento, vemos que algunos cristianos aún están en el treinta por ciento (involucrados con el yo, cristianos carnales); otros están al sesenta por ciento (viven para el prójimo), y otros han alcanzado la dimensión del ciento por ciento cumpliendo "lo que falta de las aflicciones de Cristo".

Servir a Dios y cumplir Su voluntad nos conducirá, en última instancia, al sufrimiento con Él. Comprender esta forma de padecimiento puede ayudarnos a caminar como obedientes siervos del Señor. En este sentido, otro aspecto que tal vez precisamos abarcar son los sufrimientos de Job y "el aguijón de Pablo en la carne". Esto nos ayudará a separar totalmente nuestros sufrimientos de aquellos que verdaderamente son por la causa de Cristo.

El sufrimiento de Job

Alguna gente le echa la culpa de sus desgracias a Dios, y luego dice que está sufriendo como Job. Sin embargo, nunca vemos que alcancen la victoria que él alcanzó. El último capítulo del libro de Job muestra claramente que salió de la prueba y le fue restituido todo lo perdido. La Palabra de Dios declara que el estado posterior de Job fue aun más bendecido que el primero. ¿Por qué Job atravesó esta prueba? ¿Le envió Dios el mal, o fue Satanás?

Si observamos atentamente el primer capítulo, contemplaremos una escena celestial y otra terrena. En primer lugar se describe a Job como un hombre perfecto que temía a Dios y aborrecía el mal. Se nos cuenta que era un hombre y un rico e influyente. Continuamente ofrecía sacrificios al Señor por él mismo y sus hijos. Pero la escena cambia, y vemos a Satanás presentándose ante Dios en el cielo. (Tengamos en cuenta que esto sucedía antes de la victoria de Jesús sobre el diablo en la cruz, cuando finalmente Satanás fue arrojado fuera del cielo. Todavía tenía acceso al cielo, podía visitarlo aunque deambulara de un lado al otro sobre la faz de la tierra. Ver **Apocalipsis 12**).

El Señor estaba orgulloso de Job y dijo a Satanás que no había otro hombre como él en toda la tierra. El diablo entonces dijo a Dios que Job sólo le servía porque estaba tan bendecido y que, si perdía todo lo que tenía, maldeciría al Señor.

En **Job 1:12** vemos la respuesta de Dios a Satanás, **"He aquí, todo lo que tiene está en tu mano; solamente no pongas tu mano sobre él. Y salió Satanás de delante de Jehová"**.

Satanás comenzó a soplar vientos de tragedia sobre Job. Primero, sus sirvientes fueron muertos con espada; luego, el fuego destruyó sus ovejas y a más sirvientes; después, le robaron los camellos y, más tarde, supo que una terrible tormenta había matado a sus hijos. Aun después de todo esto, Job no pecó ni acusó tontamente a Dios sino que bendijo Su nombre.

En el **capítulo 2** volvemos a la escena celestial y vemos a Satanás apareciendo una vez más ante el Señor. Entonces Dios habla de Job como de un hombre recto con temor de Dios. El diablo afirma que si Job es afligido en la carne, maldecirá al Señor. **"Y Jehová dijo a Satanás: He aquí, él está en tu mano; más guarda su vida. Entonces salió Satanás de la presencia de Jehová, e hirió a Job con una sarna** maligna desde la planta del pie hasta la coronilla de la cabeza" (Job 2:6 y 7). Ante semejante situación, la esposa de Job le sugiere maldecir a Dios y morirse. Pero aun así, él pudo responderle, "**Como suele hablar cualquiera de las mujeres fatuas, has hablado. ¿Qué? ¿Recibiremos de Dios el bien, y el mal no lo recibiremos? En todo esto no pecó Job con sus labios**" (Job 2:10).

Prestemos atención ahora a algunos puntos. Primero, a través de esta escritura vemos que el mal no proviene de Dios sino que fue Satanás quien causó todas las aflicciones. Envió muerte, una terrible tormenta (hoy muchos cristianos culpan a Dios por las tempestades), incendio, destrucción, todo lo cual dio por resultado la pérdida de posesiones materiales hasta que, finalmente, alcanzó la enfermedad a Job. Vemos con claridad de dónde proviene la enfermedad: Satanás es quien enferma, él es el portador de la enfermedad.

Cuando en el **verso 5** Satanás propuso al Señor que extendiera la mano y tocara hueso y carne de Job, la réplica de Dios en el **verso 6** fue "él está en tu mano". La enfermedad no salió de la mano de Dios sino, obviamente, de la mano de Satanás.

¿Por qué Job estaba en la mano de Satanás si era un hombre perfecto? Dios siempre ve a Sus hijos perfectos por su fe en Él. Al entregarnos al Señor, quedan atrás nuestros fracasos y fallas. Esto es lo que Dios hizo con Job. El Señor veía al verdadero Job y sabía que un día reconocería su justicia propia y orgullo, y se arrepentiría. Mientras tanto, Dios pronunciaba palabras de fe acerca de Job, y las decía al diablo. A causa de Su omnisciencia, Dios ve el final y sabía que Job alcanzaría la perfección un día. En los **versículos 9 y 10** tenemos un indicio del verdadero problema de Job que abrió la puerta al poder de Satanás. La esposa le pregunta si todavía retenía su integridad, es decir, su justicia propia; poco después, cuando Job no podía comprender lo que estaba sucediéndole, comienza a acusar a Dios por sus desgracias, tal como muchos hoy día. El **verso 10** dice que Job no pecó con los labios, pero ¿qué había en su corazón?

Al continuar la narración, vemos que había varias cosas en el corazón de Job que abrían la puerta al enemigo. En el **capítulo 3 verso 25** encontramos el pecado de temor en su corazón. "**Porque el temor que me espantaba me ha venido, y me ha acontecido lo que yo temía**". El temor no es de Dios. Apocalipsis 21:8 nos dice, "**Pero los cobardes e incrédulos, los abominables y homicidas, los fornicarios y** hechiceros, los idólatras y todos los mentirosos tendrán su parte en el lago que arde con fuego y azufre, que es la muerte segunda".

En la actualidad, muchos cristianos permiten que el temor los controle en lugar de confiar en Dios. Así como los temores de Job se hicieron realidad, sobrevendrán sobre ellos sus temores, es decir, sobre quienes en vez de resistir, permiten que el temor los controle.

Luego vemos aparecer el segundo pecado: la autocompasión que conduce a pensamientos de suicidio (**capítulo 6**). Al avanzar la lectura comenzamos a notar el doble ánimo de Job. En un momento, defiende a Dios y Su bondad pero, al siguiente, está atribuyéndole a Dios su mal. Comenzamos también a ver más y más su justicia propia y su egoísmo cuando defiende su propio valor frente a los amigos. Rechaza el consejo como "si todo lo supiera". Aunque el corazón de los amigos no era correcto ante Dios por la falta de comprensión y compasión, decían a Job algunas verdades.

A lo largo del libro, Job mantiene su justicia propia e integridad personal en vez de buscarlas a la luz de la justicia de Dios. Se pone delante de Él enumerando sus buenas obras. Muchos creen hoy como creyó Job que están en buena posición ante Dios porque sus obras son buenas, no alcanzando a ver el orgullo que guarda el corazón. No fue Dios quien permitió a Satanás atacar a Job sino más bien su pecado abrió la puerta al ataque. Vemos en **Job 2:6** que el Señor replica a Satanás que Job ya estaba en sus manos, mostrándolo así fuera de la voluntad de Dios. **"Y Jehová dijo a Satanás: He aquí, él está en tu mano; más guarda su vida"**.

Finalmente, en el **capítulo 42**, queda al descubierto el pecado de justicia propia de Job, y se arrepiente.

"Respondió Job a Jehová, y dijo: Yo conozco que todo lo puedes, y que no hay pensamiento que se esconda de ti. ¿Quién es el que oscurece el consejo sin entendimiento? Por tanto, yo hablaba lo que no entendía; cosas demasiado maravillosas para mí, que yo no comprendía. Oye, te ruego, y hablaré; te preguntaré, y tú me enseñarás. De oídas te había oído; mas ahora mis ojos te ven. Por tanto me aborrezco, y me arrepiento en polvo y ceniza" (Job 42:1-6).

Job sabía acerca de Dios pero no había logrado realmente una visión espiritual centrada en Él hasta el momento cuando dejó de centrarse en si mismo. A partir de tal cambio, sus ojos espirituales se abrieron para ver a Dios. Job supo entonces que Dios no era su problema sino que la maldad de su corazón había dado lugar a las tragedias. De inmediato, después de arrepentirse, el Señor lo perdonó, lo restauró, lo bendijo más que al principio.

No es necesario vivir semejantes tragedias para aprender la lección que aprendió Job. Podemos clamar a Dios por la limpieza de nuestro corazón y Él nos mostrará que cosas en nuestra vida deben ser purificadas. Podemos aprender por dos caminos diferentes. Aprendemos escuchando y obedeciendo, o lo hacemos a través de la prueba y el error. Si escuchamos y obedecemos, no es necesario que pasemos por experiencias dolorosas para descubrir la verdad.

Algunos afirman que han aprendido mucho al vivir desgracias; sin embargo, podrían haber aprendido las mismas lecciones estudiando la Palabra de Dios y obedeciéndola. Por ejemplo, no tengo por qué aprender la verdad del siguiente Proverbio cometiendo una transgresión: **... el camino de los transgresores es duro (Proverbios 13:15)**. Simplemente puedo creer que es verdad y no cometer transgresiones. Si elijo no creerlo y pecar, descubriré "el camino duro" del transgresor. El Señor quiere que creamos Su Palabra y la obedezcamos.

El aguijón de Pablo

¿Que" decir el "aguijón en la carne" de Pablo? ¿Era una enfermedad que el Señor no sanaba y por eso le daba la gracia necesaria para vivir con ella? Miremos **2 Corintios 12:7-11**:

Y para que la grandeza de las revelaciones no me exaltase desmedidamente, me fue dado un aguijón en mi carne, un mensajero de Satanás que me abofetee, para que no me enaltezca sobremanera; respecto a lo cual tres veces he rogado al Señor, que lo quite de mí. Y me ha dicho: Bástate mi gracia; porque mi poder se perfecciona en la debilidad. Por tanto, de buena gana me gloriaré más bien en mis debilidades, para que repose sobre mí el poder de Cristo. Por lo cual, por amor a Cristo me gozo en las debilidades, en afrentas, en necesidades, en persecuciones, en angustias; porque cuando soy débil, entonces soy fuerte. Me he hecho un necio al gloriarme; vosotros me obligasteis a ello, pues yo debía ser alabado por vosotros; porque en nada he sido menos que aquellos grandes apóstoles, aunque nada soy.

Una línea de interpretación de la Biblia es que se interpreta a sí misma través de otras escrituras con similares palabras, frases, o temas.

En este caso, veamos cómo define la Palabra de Dios al "aguijón en la carne". En los versos anteriores, inmediatamente después de mencionarlo, se lo indica como "un mensajero de Satanás que me abofetee". Vemos entonces que "el aguijón" era alguien con un mal espíritu que hablaba en contra de Pablo. Un mensajero es alguien que habla. Pablo estaba siendo abofeteado o lastimado por la lengua de una persona que contendía con él. Ser abofeteado no podía significar una enfermedad, porque la bofetada proviene de afuera. Lo vemos en la forma como el viento abofetea o castiga una embarcación en medio de la tormenta.

Observando también la Palabra de Dios en **Josué 23:13** encontramos una definición de "aguijón":

Sabed que Jehová vuestro Dios no arrojará más a estas naciones delante de vosotros, sino que os serán por lazo, por tropiezo, por azote para vuestros costados y por espinas para vuestros ojos, hasta que perezcáis de esta buena tierra que Jehová vuestro Dios os ha dado.

Estableciendo un paralelismo entre este texto y **Ezequiel 28:24**, leemos lo siguiente, **"Y nunca más será a la casa de Israel espina desgarradora, ni aguijón que le dé dolor, en medio de cuantos la rodean y la menosprecian; y sabrán que yo soy Jehová"**.

A partir de estas tres escrituras vemos que un "aguijón en la carne" tendría que ser una persona impía, malvada que perseguía a otra. Aún hoy al referirnos a alguien que nos hostiga, hablamos de esa persona como "el aguijón". Pablo buscaba al Señor para que esta persona saliera de su vida, pero Dios le dijo que la persona se quedaría si bien le impartiría la gracia necesaria para soportar la persecución y la aflicción causadas por ese individuo.

¿Por qué Dios no apartaba aquella persona de la vida de Pablo? Pablo mismo dice que, ante la abundancia de revelaciones y visiones que recibía, si todo fuera demasiado fácil, caería víctima de un espíritu de orgullo. Lo cual este espíritu de orgullo era un área débil en la vida de Pablo que necesitaba ser vencida. Lo vemos a través de todos sus escritos, apareciendo una y otra vez. En el **versículo 11** afirma su igualdad frente a "aquellos grandes apóstoles". El Señor sabía que si todo marchaba bien para Pablo, no podría manejar el propio orgullo. Aunque los milagros sucedían en su ministerio, aun así este "aguijón en la carne" permanecería hasta el momento en que venciera su orgullo.

Recordemos que las escrituras no dicen que tuviera este "aguijón en la carne" por el resto de sus días. En realidad, vemos que finalmente lo venció porque en **2 Timoteo 3:11** dice, **"Persecuciones, padecimientos, como los que me sobrevinieron en Antioquía, en Iconio, en Listra; persecuciones que he sufrido, y de todas me ha librado el Señor"**. Su "aguijón en la carne" sólo lo conflicto hasta que se hizo vencedor; cuando la humildad fue real en su vida, Pablo ya no se sintió herido o desgarrado por este "aguijón". Porque su carne había sido crucificada. **1 Pedro 5:10** dice, **"Mas el Dios de toda gracia, que nos llamó a su gloria eterna en Jesucristo, después que hayáis padecido un poco de tiempo, él mismo os perfeccione, afirme, fortalezca y establezca"**.

Las "aflicciones" de Pablo

Cierta gente se confunde con la afirmación de que Pablo se regocija en sus aflicciones. En realidad, ¿qué expresa Pablo con esto? El significado de la palabra griega para "enfermedad, dolencia, aflicción" es mucho más amplio que el del vocablo que se usa en inglés y español. Abarca toda debilidad de carácter físico o moral; una falta de fuerza o fortaleza; una incapacidad para producir resultados.

Conociendo esto, podemos decir que la expresión de Pablo significa, "Cuando me siento débil, el Señor me hace fuerte; cuando no puedo hacer algo, Él me capacita; cuando no puedo vencer, Él vence a través de mí; cuando no puedo manejar a la persona que me persigue, Dios me da la gracia para soportar".

A partir de esto vemos que la única razón por la cual Dios permite que ciertas cosas permanezcan en nuestra vida por un tiempo es para que podamos vencerlas. Dios no quiere que sean permanentes. El **Salmo 34:19** declara, **"Muchas son las aflicciones del justo, pero de todas ellas lo librará Jehová"**.

Si seguimos en los pasos del Señor, tendremos la persecución y el sufrimiento que sobrevendrán a nosotros a través de otros; sin embargo, Él siempre nos dará la oportunidad de obtener la victoria sobre todas estas circunstancias. El sufrimiento del cual habla el Señor no es la enfermedad, ni el temor, ni la ansiedad, ni la depresión, ni la pobreza, etc. que provienen de nuestra antigua naturaleza carnal. Los justos van a sufrir y se sentirán afligidos por el prójimo, llevando la carga de los problemas físicos y económicos de otras personas, soportando la mentira de sus bocas y las falsas acusaciones. En **1 Pedro 2:21-24** verificamos esto, cuando dice, **"Pues para esto fuisteis llamados; porque también Cristo padeció por nosotros, dejándonos ejemplo, para que sigáis sus pisadas; el cual no hizo pecado, ni se halló engaño en su boca; quien cuando le maldecían, no respondía con maldición; cuando padecía, no amenazaba, sino encomendaba la causa al que juzga justamente; quien llevó él mismo nuestros pecados en su cuerpo sobre el madero, para que nosotros, estando muertos a los pecados, vivamos a la justicia; y por cuya herida fuisteis sanados".**

Si Jesús fue herido en la espalda para que fuésemos sanos, es necesario entonces que hoy recibamos esa sanidad no permitiendo que el diablo nos convenza de que estamos padeciendo por Cristo. El Señor nos quiere sanos en espíritu, alma y cuerpo. Esta es Su voluntad y Su Palabra.

Siguiendo a Cristo

Ahora que podemos ver que Su Palabra es Su voluntad, si tenemos interrogantes en cuanto a si algo es o no es la voluntad de Dios, todo lo que debemos hacer es buscar lo que la Palabra dice al respecto. Si no tenemos acceso a Su Palabra a través de una Biblia, Dios nos guiará con Su Espíritu. Los cristianos del primer siglo no tenían la Biblia como nosotros ahora, pero aun así muchos vivieron en victoria. Si está en Su Palabra, podemos estar seguros de que es Su voluntad. Si no está, debemos dejarlo alejado de nosotros.

No obstante, existen muchas cosas que no están específicamente perdonadas o condenadas en la Palabra. También hay otras cosas para las cuales necesitamos respuestas personales, tales como ¿Es ésta la pareja para mí?, o ¿Debería mudarme a otra ciudad?, o ¿Debería comprar esta casa?, o ¿Compro este auto?, o ¿Es hora de salir en un ministerio de tiempo completo para el Señor Debo dedicar ahora todo mi tiempo a trabajar para el Señor?, y tantas preguntas más. Entonces, ¿Cómo conocer la voluntad de Dios respecto de tales asuntos?

Miremos **Romanos 12:1-3** para un modelo básico de lo que es estar en la voluntad de Dios, **"Así que, hermanos, os ruego por las misericordias de Dios, que presentéis vuestros cuerpos en sacrificio vivo, santo, agradable a Dios, que es vuestro culto racional. No os conforméis a este siglo, sino transformaos por medio de la** renovación de vuestro entendimiento, para que comprobéis cuál sea la buena voluntad de Dios, agradable y perfecta. Digo, pues, por la gracia que me es dada, a cada cual que está entre vosotros, que no tenga más alto concepto de sí que el que debe tener, sino que piense de sí con cordura, conforme a la medida de fe que Dios repartió a cada uno".

Nuestro primer paso, y todos los pasos futuros, para estar en la voluntad de Dios, deberá ser siempre presentarnos a nosotros mismos Como sacrificio vivo delante de Dios.

Si deseamos conocer la voluntad el Señor en cualquier situación, debemos estar totalmente entregados a Él para recibir una respuesta de Su parte. Este es el primer requisito. Una entrega a medias inevitablemente traerá confusión y fracaso. Si este fundamento de una entrega completa no es lo primero, todo lo que construyamos encima a la larga se desmoronará.

Veamos una parábola en **Lucas 14:26-33** que confirma esto:

Si alguno viene a mí, y no aborrece a su padre, y madre, y mujer, e hijos, y hermanos, y hermanas, y aun también su propia vida, no puede ser mi discípulo. Y el que no lleva su cruz y viene en pos de mí, no puede ser mi discípulo. Porque ¿quién de vosotros, queriendo edificar una torre, no se sienta primero y calcula los gastos, a ver si tiene lo que necesita para acabarla? No sea que después que haya puesto el cimiento, y no pueda acabarla, todos los que lo vean comiencen a hacer burla de él, diciendo: Este hombre comenzó a edificar, y no pudo acabar. ¿O qué rey, al marchar a la guerra contra otro rey, no se sienta primero y considera si puede hacer frente con diez mil al que viene contra él con veinte mil? Y si no puede, cuando el otro está todavía lejos, le envía una embajada y le pide condiciones de paz. Así, pues, cualquiera de vosotros que no renuncia a todo lo que posee, no puede ser mi discípulo.

Vemos aquí que el Señor Jesús usó una palabra muy fuerte en el **verso 26** al decir que si no aborrecemos a nuestro padre, madre, cónyuge, hijos, hermanos y la propia vida no podemos ser Sus discípulos.

No significa que debamos aborrecerlos en el sentido de despreciarlos y ser rudos con ellos, sino que el significado en griego de este vocablo en particular, "aborrecer", es un sentido de indiferencia hacia, o un relativo desinterés por ellos comparado con nuestra actitud hacia el Señor. No debemos poner nuestros seres queridos o el amor por nosotros mismos por encima del amor a Dios. Él demanda ocupar el primer lugar en nuestra vida, por encima de todo.

Rendirse a la cruz

El único camino para vencer es cargando nuestra cruz. ¿Qué significa? Jesús fue crucificado en la cruz por nuestros pecados de modo que, si seguimos Sus pasos, también seremos crucificados en nuestra cruz individual, propia. Nuestra cruz no será aquella que cargó Jesús, o la que llevó Pablo, ni siquiera la que han cargado otros santos, sino que llevaremos aquella cruz especialmente diseñada para nosotros. Si queremos ser discípulos, tendremos que cargar nuestra cruz. Debemos identificarnos con la crucifixión de Cristo.

Esa cruz es la negación de la propia voluntad la voluntad del yo, y es vivir de allí en más en la voluntad de Dios. No estimaremos nuestra vida sino que estaremos dispuestos a dejarlo todo para seguir a Aquel que amamos. Cada vez que nos rendimos al yo, nos bajamos de nuestra cruz y rehusamos cargarla. Cuando la obra de la cruz esté completa en nuestra vida, estaremos verdaderamente muertos a nuestro propio camino y sólo desearemos vivir Para andar Su senda. Esta obra es un proceso que el Espíritu Santo hará en nosotros tan rápidamente como se lo permitamos. Dado que a ninguno le gusta morirse, por lo general resistimos nuestra cruz.

Así como Jesús oró una plegaria agonizante en el Huerto de Getsemaní a medida que se rendía a la cruz que le esperaba, también llegaremos a ese punto de agonía donde debemos elegir el morir a nuestros caminos y seguir a Él. Después de elegir Su camino, veremos que así como los hombres crucificaron a Jesús en la cruz, nos crucificarán a la nuestra. Debemos ser como Cristo cuando esto suceda, y orar como Él, **"Padre, perdónales, porque no saben lo que hacen..." (Lucas 23:34)**. Como Él, debemos brindar perdón a quienes nos ofenden y persiguen.

No podemos conocer la voluntad de Dios hasta que no estemos dispuestos a seguirle sin importar cuál sea esa voluntad. La mayoría de los cristianos presenta sus planes a Dios para que los apruebe, en lugar de buscarle para conocer cuál es el plan de Dios para sus vidas. Hemos sido expuestos a enseñanzas populares que dicen que seguimos a Dios para conseguir aquellas cosas que deseamos de Él. No es sorprendente entonces que haya tantos "fracasos de fe" cuando se enseña a los nuevos cristianos que pueden lograr las cosas del mundo y también las cosas de Jesús.

Cristo enseñó que debemos estar dispuestos a perder todo para ganarlo a Él. No enseñó que podíamos tener todo lo que quisiéramos si lo seguíamos. El **versículo 33, Lucas 14** nos dice que debemos dejar todo si queremos ser Sus discípulos. Debemos estar dispuestos a abandonar nuestro cómodo hogar, el negocio, nuestro éxito y la estima del mundo, el dinero, nuestras amistades y relaciones, nuestro todo para seguir a Él.

Con cuánta frecuencia se ha presentado a Dios como un gran Papá Noel, y lo único que tenemos que hacer es confesar y pedir nuevas casas, autos, tierras, y otras posesiones materiales para tenerlas automáticamente. Oímos a la gente pedir casas, vehículos y otras cosas, pero muy pocos reclaman almas para el reino de Dios.

La **verdadera** riqueza

La Biblia dice que debemos buscar las verdaderas riquezas, no las de este mundo. Las riquezas de Dios son aquellas que el dinero no puede comprar. ¿Cómo puede el dinero liberar a una jovencita presa en las drogas y el pecado? ¿Cómo puede el dinero comprar paz para el alma frente a los temores que nos rodean? ¿Cómo puede el dinero mantener unido a un matrimonio? ¿Cómo puede el dinero dar sanidad a un moribundo? ¿Cómo puede el dinero salvar un alma del infierno? Las riquezas de Dios están disponibles para hacer realidad todas estas cosas, pero reclamar las riquezas del mundo nunca será el camino para lograr las verdaderas.

Es verdad que Dios quiere bendecirnos con cosas materiales, pero es a Él a quien debemos estar buscando cuando tales cosas lleguen, no las cosas. Muchos hoy buscan a Dios por lo que puede hacer por ellos en lugar de buscarlo y preguntarle qué pueden hacer ellos por Él. **Mateo 6:31-33** dice, **"No os afanéis, pues, diciendo: ¿Que comeremos, o qué beberemos, o qué vestiremos? Porque los gentiles buscan todas estas cosas; pero vuestro Padre celestial sabe que tenéis necesidad de todas estas cosas. Mas buscad primeramente el reino de Dios y su justicia, y todas estas cosas os serán añadidas"**.

El Señor dice que no estemos pensando qué comeremos, beberemos, o vestiremos. Si no debemos preocuparnos por estas cosas, ¿por qué estar siempre pidiéndolas? Ciertamente está bien pedir a Dios que provea para las necesidades cotidianas, porque el Señor dijo en la oración modelo en **Mateo 6:11, "Danos el pan de cada día".** Sin embargo, nuestro principal énfasis debería estar en búsqueda del reino de Dios y en la oración por aquellas cosas materiales necesarias para la extensión de Su reino.

Jesús dijo que si buscamos a Él y Su reino en primer lugar, y Su justicia, nada nos faltará. Se nos dice que debemos interesarnos más por la justicia de Dios en nosotros que por los bienes materiales. Si queremos pedir algo en oración, debemos reclamar Su pureza en nuestro corazón, la liberación de todo aquello que ofende a Dios, el perdón para aquellos que nos hirieron y que Su naturaleza sea formada en nosotros. Si estamos haciendo esto, Él suplirá todo lo material para nosotros de una hermosa manera. Dios sabe que necesitamos las cosas de este mundo, simplemente porque vivimos en él. Quiere bendecirnos con tales bienes así como a nosotros nos gusta hacer regalos a nuestros hijos y cuidarlos.

Satanás se encarga con frecuencia de llevar a la gente de un extremo al otro. Así, algunos viven reclamando dinero, casas, vehículos, y tantas cosas más, por supuesto que siempre lo hacen en el nombre de Jesús y para Su reino, porque si no el diablo no podría convencerlos de que están obrando bien. A otros, Satanás les roba diciéndoles que no merecen nada bueno y que es pecado desear cosas lindas. Ninguno de estos extremos es del Señor.

En los versículos anteriores, Jesús dice que Dios viste los lirios y la hierba del campo, y que ni siquiera Salomón con todas sus riquezas tuvo tan hermosas vestiduras como los lirios. Entonces, así que, ¿Cuánto más debería de vestirnos? Dios no sólo nos da vestiduras materiales sino también vestidos espirituales, de modo que otras personas puedan ver el gozo del Señor en nuestro rostro y Su luz envolviéndonos.

El énfasis debería estar siempre puesto en Jesús y en aquello que Él quiere para nosotros, jamás en lo que nosotros anhelamos recibir de Dios. Para el Señor, lo más importante es nuestra relación con Él. Deberíamos buscarlo frente a cada problema y preguntar cuál es Su voluntad para cada situación, dejando a un lado nuestro propio camino para seguir el camino de Dios.

Nuestra oración debería ser: "Padre, heme aquí; me entrego a Ti. Te entrego mi cuerpo, mi familiar mi hogar, mis ambiciones, mis proyectos, mi posición social, mis posesiones materiales, mi negocio, mis sueños y mis planes. Nada te niego, Señor. Estoy dispuesto a apartarme de todo lo que me indiques; estoy dispuesto a ir a cualquier lugar que me señales; estoy dispuesto a permanecer en cualquier sitio donde quieras que me quede. Si quieres que dé dinero a alguien, estoy dispuesto a hacerlo. Si quieres que deje mi hogar y predique el evangelio, estoy dispuesto. Si desearas que siga aquí en esta situación desagradable por el resto de mis días, estoy dispuesto. Padre, haré lo que pidas, aunque mi carne no esté dispuesta. Padre, sabes que nada de esto puedo hacer sin Tu gracia y Tu fortaleza, así que dependo de Ti para tener el poder de cumplir lo que me pidas y para vencer la debilidad de mi carne. Sí, Padre, si quieres que haga una tarea en particular, estoy dispuesto aunque mi carne no lo desee. Estoy presentándome como un sacrificio vivo delante de Ti. Todo depende de Ti, Padre. Si ésta es la persona adecuada para casarme, entonces lo haré. No obstante, si no es la que has elegido para mí, no importa cuántos sentimientos sienta por ellos, te pido que las quites de mí y saques a esta persona de mi vida. Señor, acepto Tus decisiones en todas las cosas porque Tu juicio es perfecto y tienes un plan perfecto para mi vida. Confío en que siempre me ayudas a tomar las decisiones correctas."

El compromiso con Dios

En cada situación que tú y yo enfrentamos, necesitamos estar dispuestos a hacer lo que el Señor considere lo mejor para nuestra vida. Esto quiere decir el estar totalmente comprometido a Su voluntad. Dios ve el futuro y sabe mejor que nadie qué es lo mejor para nosotros.

Somos tentados a aferrarnos a nuestras propias cosas, pensando que nos dan seguridad en ese momento. Sin embargo, las cosas cambian y muchas veces aquello a lo cual nos aferramos resistiéndonos a entregarlo al Señor, se pierde de una u otra manera. Satanás, el que viene a matar, a robar, a destruir, tiene acceso a tales cosas porque no son de Dios. El único lugar seguro para aquello que amamos son las manos del Señor. Si las entregamos a Él, el diablo no tiene ningún derecho. Si no lo hacemos, Satanás puede saquear o destruir.

Si el Señor nos pide que nos desprendamos de algo, es porque podría ser peligroso para nosotros y no solamente porque quiera negárnoslo. Dios siempre quiere darnos algo mejor. Sus riquezas están más allá de las cosas de este mundo.

Juan 12:24-26 declara, **"De cierto, de cierto os digo, que si el grano de trigo no cae en la tierra y muere, queda solo; pero si muere, lleva mucho fruto. El que ama su vida, la perderá; y el que aborrece su vida en este mundo, para vida eterna la guardará. Si alguno me sirve, sígame; y donde yo estuviere, allí también estará mi servidor. Si alguno me sirviere, mi Padre le honrará".**

Siempre es duro morir a nuestra manera de vida y rendirnos a los de Él, pero esto es lo que se nos demanda si anhelamos verdaderamente vivir.

La mayoría rinde la vida al Señor paso a paso; damos a Dios ciertas cosas, pero retenemos otras. Esto no es un compromiso total y nunca producirá mucho fruto. Puede dar un treinta por ciento, o el sesenta por ciento, pero jamás dará fruto al ciento por ciento. Mucha gente realmente se compromete a Dios y Él bendice en abundancia su vida; pero aun así no está dispuesta a dar al Señor aquello que Él le ha regalado, no se da cuenta de que entregarse a Dios no es una experiencia que suceda sólo una vez. Es comprometerse y morir al yo cada día.

Dios bendice a veces con hermosos ministerios, pero con frecuencia la gente se apropia de ellos y rehúsa devolverlos al Señor, aduciendo que Dios mismo se los ha dado. La única razón porque Dios los reclama es para purificarlos, para añadir algo más. Y más tarde devolverlos de una manera aun más hermosa. Son tantos los que se aferran a lo que Dios les da, resistiéndose a devolverlo de modo que, finalmente, lo pierden. En el reino de Dios, el camino para recibir es dar. Debemos dar a Él nuestra vida, si queremos vivir.

El testimonio de la autora

Las dos cosas más difíciles de rendir para mí han estado en las áreas donde más fui bendecida. No quería vivir sola ni tampoco ser misionera. Mi renuencia para entregar esto al Señor nacía de una imagen distorsionada de Dios. Tenía "miedo" de que Él me pidiera hacer algo que yo no quería y tuviera que servirle sintiéndome miserable. Muchas veces el temor nos impide recibir las bendiciones de Dios.

Sentía el llamado sobre mi vida para servir a Dios en un ministerio de tiempo completo. Como miembro de una iglesia que permitía a las mujeres predicar o enseñar sólo en el campo misionero extranjero, tenía miedo de que Dios me pidiera ir a una extraña tierra desolada y sentarme en una choza de barro en medio de la suciedad y la pobreza, predicando Su Palabra a los nativos. Mi otro temor era que tal vez Él me pidiera ser un Pablo femenino y que nunca me casara. Por entonces era soltera y no quería estar sola el resto de mi vida.

El Espíritu Santo me trató tan amorosamente y con tanta paciencia que me llevó al punto donde al final pude decir, "Está bien, Señor, si quieres que sea misionera, estoy dispuesta. Y si quieres que viva sola el resto de mis días, también lo haré. Pero, Señor, sabes que no puedo hacerlo sin Ti; si me das la gracia y la fortaleza necesarias, entonces podré". Cuando me rendí así finalmente, el Señor me bautizó en el Espíritu Santo.

Sentí que me llenaba de amor, gozo y paz en una medida hasta entonces desconocida en mí andar cristiano. Sentí el desbordar del Espíritu en mi espíritu mientras de me boca fluían palabras en un idioma desconocido. Me descubrí hablando en el espíritu, y fue una de las experiencias más maravillosas que jamás tuve. A esta experiencia se refería Jesús en **Juan 7:37-39**:

En el último y gran día de la fiesta, Jesús se puso de pie y alzó la voz, diciendo: Si alguno tiene sed, venga a mí y beba. El que cree en mí, como dice la Escritura, de su interior correrán ríos de agua viva. Esto dijo del Espíritu que habían de recibir los que creyesen en él; pues aún no había venido el Espíritu Santo, porque Jesús no había sido aún glorificado.

También **Hechos 1:4-8** habla de lo mismo:

Y estando juntos, les mandó que no se fueran de Jerusalén, sino que esperasen la promesa del Padre, la cual, les dijo, oísteis de mí. Porque Juan ciertamente bautizó con agua, mas vosotros seréis bautizados con el Espíritu Santo dentro de no muchos días. Entonces los que se habían reunido le preguntaron, diciendo: Señor, ¿restaurarás el reino a Israel en este tiempo? Y les dijo: No os toca a vosotros saber los tiempos o las sazones, que el Padre puso en su sola potestad; pero recibiréis poder, cuando haya venido sobre vosotros el Espíritu Santo, y me seréis testigos en Jerusalén, en toda Judea, en Samaria, y hasta lo último de la tierra.

En **Hechos 2:4** leemos, **"Y fueron todos llenos del Espíritu Santo, y comenzaron a hablar en otras lenguas, según el Espíritu les daba que hablasen"**. A medida que experimentaba este maravilloso sentimiento de poder, me daba cuenta de una tremenda verdad por primera vez en mi vida.

Supe en aquel momento que no importaba vivir en una choza de barro o en una mansión; no importaba si vivía sola o estaba casaba. Lo único realmente importante era que el Espíritu Santo estaba en mí. Supe en aquel instante que mientras Él estuviera conmigo en la choza de barro, sería feliz, y que viviendo en una mansión sin Él, me sentiría miserable. Descubrí que podía vivir sola si lo tenía a Él. También supe que un matrimonio no prosperaría sin Él. Comprendí que no eran las circunstancias las que daban origen a este gozo que sentía, sino solamente la presencia del Espíritu Santo. Lo único que me importaba en ese momento era Él. Desde aquel día, Él ha sido mi más grande amor y mi vida. No elegiría otra senda diferente a la que tengo andado con Él. Descubrí que la voluntad de Dios no era que estuviera en un sitio específico en un tiempo específico, sino que tuviera el corazón dispuesto a cumplir Su voluntad. Al seguirlo a Él, estaría donde Él quería y cuando Él lo dispusiera.

Desde entonces he participado en algunos viajes misioneros y me he sentido bendecida más allá de las palabras. Viví sin pareja durante ocho años, hasta que el Señor envió a Bud a mi vida, y fueron aquellos años de tanta bendición como los que hemos compartido. La verdadera bendición es tener al Señor, no con quién estoy ni dónde estoy.

Dios no me guío a quedarme en el extranjero. Sin embargo, me habría sentido feliz sirviendo donde Él me llamara.

No sabía que Dios usaba mujeres en Su obra para predicar y profetizar, pero Él me lo confirmó en **Hechos 2:17 y 18, "Y en los postreros días, dice Dios, derramaré de mi Espíritu sobre toda carne, y vuestros hijos y vuestras hijas profetizarán; vuestros jóvenes verán visiones, y vuestros ancianos soñarán sueños; y de cierto sobre mis siervos y sobre mis siervas en aquellos días derramaré de mi Espíritu, y profetizarán.** Me siento agradecida y humildemente acepto el llamado de Dios. Puedo decir de todo corazón con el salmista David que **"el hacer tu voluntad, Dios mío, me ha agradado"** (Salmo 40:8). No me deleité en Su voluntad hasta que Él no realizó una profunda obra en mi interior y renovó mi mente carnal y mis caminos mundanos.

La mente renovada

Después de entregar por completo la vida al Señor, se nos dice en **Romanos 12** que no nos conformemos a este mundo sino que seamos transformados mediante la renovación de la mente. Sólo entonces podemos comprobar cuál es la buena, aceptable y perfecta voluntad de Dios. La mente carnal ha permanecido llena de los esquemas del mundo por años, antes de conocer al Señor, por eso lleva tiempo renovarla hasta que pueda conocer Su voluntad. Además, hemos nacido carnales.

En **Romanos 12**, Dios dice que no debemos dejarnos gobernar por nuestras ideas ante cualquier situación; por el contrario, busquemos Su voluntad para saber cómo quiere que actuemos. Al buscar la voluntad de Dios, no pidamos que bendiga nuestros planes sino más bien digámosle que anhelamos tener la mente de Cristo en esa situación. Si no estamos caminando en el Espíritu y no conocemos lo suficiente sobre la Palabra de Dios, automáticamente nos gobernará la vieja mente carnal. Dado que nuestra mente natural está llena de las ideas del pasado y programada de antemano para pensar como el mundo, puede recibir la respuesta equivocada al menos que la sometamos al Espíritu Santo.

Al enfrentar un problema, nuestra oración debería ser, "Padre, no quiero que mi mente carnal interfiera con esta decisión. Quiero que la mente de Cristo me guíe y dirija. Padre, si vas a revelarme Tu voluntad, la obedeceré aunque no sea lo que deseo hacer porque confío en Tu guía".

El motivo porque tomamos tantas decisiones incorrectas es que no conocemos la mente del Señor y lo que dice Su Palabra sobre cada situación. Por ejemplo, si un médico afirma que tenemos una enfermedad mortal, y nosotros desconocemos que la Palabra declara que "por su llaga fuimos nosotros curados", creeremos el diagnóstico profesional y moriremos. Recibimos lo que creemos. No es que me oponga al conocimiento científico; como médicos ven las cosas desde su perspectiva y basados en lo que les enseñaron, y hablan a partir de los hechos. Sin embargo, existe un conocimiento más alto y un grandioso Médico que puede sanar todas las enfermedades; y si acudimos a Él, podemos ser sanados.

Por mi propia formación médica, he tenido una verdadera lucha para someter mi mente carnal y ponerme la mente de Cristo en situaciones cuando sabía, científicamente hablando, que era imposible que alguien sanara. No obstante, también sabía que en Dios nada es imposible. El "hombre espiritual" en mí creía esto con más fuerza de lo que mi mente carnal dudaba; por lo tanto, podía orar con confianza por sanidad y ver como el Señor hacía milagros. Algunos de nosotros, alguna vez, podemos enfrentar la elección de creer lo que dicen los médicos o creer lo que el Espíritu Santo afirma en la Palabra. Confiemos en Dios y no en nuestra mente.

"Porque el hombre natural no percibe las cosas que son del Espíritu de Dios, porque para él son locura, y no las puede entender, porque se han de discernir espiritualmente. En cambio el espiritual juzga todas las cosas; pero él no es juzgado de nadie. Porque ¿quién conoció la mente del Señor? ¿Quién le instruirá? Mas nosotros tenemos la mente de Cristo" (1 Corintios 2:14-16).

Esto no significa que no vayamos a consultar al médico, sino que debemos mantener nuestra confianza en Dios y no depender del hombre porque su conocimiento es limitado. Pero Dios no tiene límites. Personalmente no he tenido que acudir a un médico desde hace veinte años. Doy testimonio de esto con gratitud y humildad. No estoy exaltándome a mí misma, sino más bien a mi grandioso Dios que ha hecho que este testimonio fuera posible. He pasado varios ataques de enfermedades y dolencias a lo largo de estos años, pero, aferrada a las promesas del pacto y a través de la oración, fui sanada en cada ocasión.

En diez años de servicios semanales en la iglesia, con reuniones dos o tres veces a la semana, más diez años de servicio evangelizador, nunca he faltado a una reunión a causa de enfermedades, con excepción de un solo servicio al comienzo del ministerio. Por entonces estaba recién aprendiendo a creer a Dios por sanidad. El Señor es fiel a Su Palabra y Él respalda este testimonio.

La edición original de este libro no incluye este testimonio porque quería estar segura de compartirlo para la gloria de Dios y no por orgullo. El **Salmo 105:1** dice, **"Alabad a Jehová, invocad su nombre; Dad a conocer sus obras en los pueblos"**. El **Salmo 75:1** declara, **"Gracias te damos, oh Dios, gracias te damos, pues cercano está tu nombre; los hombres cuentan tus maravillas"**.

Renovamos la mente leyendo y meditando la Palabra de Dios, también a través de la comunión con el Padre. Si una crisis nos acosa, podemos lograr victoria porque tendremos la mente de nuestro Señor. Debemos sembrar la Palabra de Dios consistentemente en nuestra mente y pedir a Él que nos limpie de todo aquello que no es Suyo.

En el pasado llenábamos la mente mirando televisión, leyendo revistas seculares o diferentes diarios, o escuchando chismes. Son cosas que producen muerte, y no podremos conocer Su voluntad mientras sembremos estas semillas en la mente. Las pantallas de televisión están llenas de violencia, pecado y "basura". Los diarios comunican temor y angustia. Las revistas encienden deseos lujuriosos por cosas de este mundo, y nuestras conversaciones pueden ser negativas y destructivas. ¿Podemos sorprendernos si carecemos de fortaleza espiritual o de sabiduría y guía divina cuando hemos estado poniendo esto en nuestra mente? Si pasáramos el mismo tiempo con el Señor y Su Palabra como en estas actividades, pronto veríamos que no sólo podemos discernir Su voluntad sino además andar en ella.

Caminando en Su voluntad

Romanos 12:2 nos anima a comprobar cuál es la voluntad de Dios. ¿Cómo comprobamos si algo es o no es Su voluntad? Analicémoslo a la luz de la Palabra de Dios. Si no concuerda con Su Palabra, no es Su voluntad. Se nos dice que comprobemos cuál es la buena voluntad de Dios, agradable y perfecta. Es necesario considerar que este versículo no habla de tres caminos diferentes para la voluntad de Dios, sino que indica una sola voluntad de Dios que es buena, agradable y perfecta.

En algún momento pensé que se refería a tres caminos diferentes. Me preocupaba porque quizás yo estuviera sólo en Su aceptable voluntad. Deseaba estar en Su perfecta voluntad. Tal vez esto significara que si me salía de uno de los tres caminos, terminaría cayendo en uno más bajo. O quizás me apartaría de Dios tanto como para permanecer por siempre en Su aceptable voluntad, y esto no pudiera corregirse debido a alguna decisión pasada en mi vida.

Algunos se engañan creyendo que el cónyuge con quien se casaron antes de ser salvos es sólo la aceptable voluntad de Dios para ellos, porque el casamiento tuvo lugar antes de conocer al Señor. Es una terrible mentira del diablo. Dios quiere tomar a esa pareja y hacerla perfecta, no apartarla. No significa que haya que cambiar la pareja por otra que sea cristiana, o cambiar las situaciones sólo para quedar tranquilo. Dios quiere que el cónyuge creyente crea que su esposo o su esposa se convierta, no separarlos.

La voluntad de Dios es una sola senda, no tres. El Señor me lo reveló en una visión mientras meditaba en esta escritura. Me mostró un camino que se extendía delante de mí. Al acercarme notaba que era muy ancho al principio y que gradualmente se estrechaba, hasta que por último se volvía muy angosto.

El Señor me dio esta explicación: "Cuando 'naces de nuevo' entras en Mi voluntad, ingresando a un lugar muy amplio. Al principio, los límites son muy extensos y libres. Puedes ir de un lado al otro del camino, porque hay una distancia considerable, y aun así no estar fuera de Mi voluntad. Has entrado en Mi aceptable voluntad. Te tomo tal como eres. Puedes tener muchos defectos y pecados al llegar a Mí, pero te recibo y acepto. No debes luchar con tus pecados, sino que me corresponde a Mí quitarlos cuando me los entregas. Al ir caminando tú y Yo juntos por la senda de Mi voluntad, te limpiaré de esos pecados y haré en tu interior los cambios que desees".

Al continuar avanzando, me mostró que el camino comenzaba a estrecharse y, en consecuencia, no había tanto espacio para ir de un lado al otro como al principio. Supe que, al empezar Su buena obra en mí, fijaba restricciones en cuanto a lo que podía o no hacer. Ya no me permitía muchas cosas que antes sí, porque estaba guiándome más y más hacia Él. **"Estando persuadido de esto, que el que comenzó en vosotros la buena obra, la perfeccionará hasta el día de Jesucristo" (Filipenses 1:6).**

Prosiguiendo el camino, veía que se estrechaba todavía más y debía dar el paso cuidadosamente sin desviarme, porque de lo contrario quedaba afuera. Supe entonces que había entrado en Su perfecta voluntad, lo cual no significaba que yo fuera perfecta sino que Él estaba guiándome en un camino de perfección para que pudiera transformarme en perfecta. Me di cuenta de que este es el lugar que menciona **Mateo 7:13 y 14, "Entrad por la puerta estrecha; porque ancha es la puerta, y espacioso el camino que lleva a la perdición, y muchos son los que entran por ella; porque estrecha es la puerta, y angosto el camino que lleva a la vida, y pocos son los que la hallan".**

En este camino vemos a los cristianos al treinta por ciento, los cuales permanecen en el lugar espacioso; vemos también a otros que avanzan más en su andar con el Señor, produciendo fruto al sesenta por ciento; pero son sólo unos pocos los que entran al paso más estrecho y producen fruto al ciento por ciento y en cuya vida, como resultado, se manifiesta la perfección.

A medida que me acercaba al final del camino también me aproximaba a una puerta muy estrecha. Cuando se abrió, me sorprendí al ver un territorio hermosísimo ante mis ojos, con ondulantes colinas y arroyos, un espacio muy amplio. Aquí estaba la recompensa de los hijos de Dios, un lugar de libertad, sin ninguna restricción.

Una vez que hemos sido preparados y purificados, el Señor nos da mucha libertad. Podemos elegir qué hacer, recibimos lo que deseamos. En este punto, nuestras elecciones no dañan a otros porque somos como Pablo, quien dijo en **1 Corintios 6:12, "Todas las cosas me son lícitas, más no todas convienen; todas las cosas me son lícitas, mas yo no me dejaré dominar de ninguna".** Con Dios, caminaremos en Su aceptable, agradable y perfecta voluntad plantando semillas y recogiendo el fruto, hasta lograr esa producción al ciento por ciento cuando la vida de Cristo fluye continuamente a través de nosotros. No sólo conoceremos Su voluntad sino que seremos Su voluntad, porque habremos sido transformados a Su imagen. **"...para que estéis firmes, perfectos y completes en todo lo que Dios quiere" (Colosenses 4:12). "Sabemos que todo aquel que ha nacido de Dios, no practica el pecado, pues Aquel que fue engendrado por Dios le guarda, y el maligno no le toca" (1 Juan 5:18).**

Para conocer la voluntad de Dios no solamente debemos rendirnos a Él y ser transformados por Su poder, sino que se requiere algo más. El **verso 3 de Romanos 12** dice, **"Digo, pues, por la gracia que me es dada, a cada cual que está entre vosotros, que no tenga más alto concepto de sí que el que debe tener, sino que piense de sí con cordura, conforme a la medida de fe que Dios repartió a cada uno".**

Cuando nos acercamos a Él buscando Su voluntad, debemos ser humildes en Su presencia y no pensar de nosotros más de lo que somos. Vengamos a Él como niños con un espíritu mansos que buscan Sus respuestas, sabiendo que fuera de Dios no hay ninguna. Si nos acercamos como niños, esto no quiere decir infantilmente sino con inocencia, el Señor nos mostrará qué hacer. Los niños miran a sus padres con corazón confiado para recibir las respuestas, y es con idéntica actitud como debemos venir al Padre.

Orgullo espiritual

Muchas personas han caído a causa del orgullo espiritual. ¿Qué es el orgullo espiritual? Confiar en el propio conocimiento de la Palabra de Dios, en vez de confiar en Dios como un niño. La atención se ha desviado de Dios a las cosas de Dios. Cierta gente piensa que tiene todas las respuestas y que ha llegado tan lejos que es imposible que se equivoque. Tienden a basar todo en las victorias en el Señor que obtuvieron en el pasado. Pablo advierte al respecto en **1 Corintios 9:27, "Sino que golpeo mi cuerpo, y lo pongo en servidumbre, no sea que habiendo sido heraldo para otros, yo mismo venga a ser eliminado"**.

Podemos volvernos orgullosos, jactanciosos en nuestra fe o por las respuestas logradas para nuestras oraciones. El pecado de orgullo espiritual es tremendamente mortal porque no es tan evidente como el orgullo y el egocentrismo del mundo. Produce fe en nuestra fe en lugar de producir fe en Dios. Es necesario que recordemos que el objeto de nuestra fe es lo que produce los resultados, y no la cantidad de fe. La fe puede producir respuestas, pero sin amor es estéril. **1 Corintios 13:2 dice, "Y si tuviese profecía, y entendiese todos los misterios y toda ciencia, y si tuviese toda la fe, de tal manera que trasladase los montes, y no tengo amor, nada soy"**.

Humilde y respetuosamente debemos buscar al Señor por Sus respuestas, y no confiar en nosotros. Si de verdad deseamos conocer la voluntad de Dios, debemos acercarnos a Él con espíritu de humildad. El mayor peligro en tener el conocimiento es que **"...el conocimiento envanece, pero el amor edifica. Y si alguno se imagina que sabe algo, aún no sabe nada como debe saberlo"** (1 Corintios 8:1 y 2).

A veces buscamos a Dios por una respuesta porque queremos jactarnos delante de otros diciendo que lo oímos de Él. Permanentemente debemos estar atentos para resistir el espíritu de orgullo y jactancia. Este espíritu puede venir en contra de nosotros ya sea cuando sólo somos un bebé en el Señor o cuando somos un santo maduro. Cuando recibimos verdades que otros aún no han recibido, debemos darlas a conocer con todo amor porque, de lo contrario, podemos ser como un pavo real lleno de orgullo espiritual.

Quizás hayamos recibido las verdades del bautismo en el Espíritu Santo, el hablar en lenguas y la sanidad, pero si miramos despectivamente a los que aún no las han recibido, los ofendemos y les impedimos acceder a tal conocimiento. Recordemos que no siempre tuvimos esta luz. El Señor nos ama tanto a todos que no importa dónde estemos en Él.

El amor es siempre la puerta a través de la que otros podrán entrar a estas verdades. Debemos recordarlo al compartir nuestro conocimiento. No sólo tenemos que acercarnos al Señor con espíritu humilde sino que debemos presentar Sus verdades con el mismo espíritu de mansedumbre.

Pablo dice en **Romanos 12** que no solamente debemos ser humildes sino además pensar con cordura, de acuerdo con la medida de fe que Dios nos ha dado a cada uno. Cuando buscamos la guía del Señor, o Su sabiduría y Su voluntad, debemos permanecer sobrios en la manera de pensar. Porque la fe no está en oposición con nuestra mente.

Dios nos dio la mente, y a través de ella fluye nuestro conocimiento de Él. Es solo la mente carnal que es enemiga contra Dios, es la mente de este mundo. Dios quiere que tengamos una nueva mente en Él, libre de influencias de Satanás. Cuando recibimos el conocimiento de la voluntad de Dios sobre un tema específico, si realmente estamos entregados a Él y deseosos de obedecerle, nuestra mente estará de acuerdo con las directivas de Dios. Nos parecerán razonables.

Dios es un Dios lógico y no nos pedirá cosas ilógicas. Quizás alguna vez pueda pedirnos algo que no comprendemos totalmente, pero habrá paz en nuestro corazón y la mente estará de acuerdo. Algunas personas han sido engañadas en esto al pensar que Dios estaba diciéndoles algo no razonable. Más tarde admitieron que sabían que era ilógico pero que en aquel momento sintieron que Dios estaba probando su fe. Dios no nos exige lo que nuestra fe no puede manejar. Él quiere que seamos razonables, que tengamos cordura según nuestra fe. Si no tienes fe para caminar sobre el agua, no lo hagas porque Pedro lo hizo. Jesús dijo a Pedro: "Ven". Si no es el Señor quien está dándote la orden de venir, te ahogarás.

Muchas personas hacen cosas ilógicas en el nombre del Señor, sin que Él los llame o los guíe. Por ejemplo, Dios no llama a una madre de diez hijos para que abandone el hogar y vaya como misionera. Ya tiene una misión en su casa. Nuestro Dios es un Dios lógico.

Si Dios te llama a hacer algo que parece imposible, te equipa y te da la fe y la paz que necesitas. Dios se encarga de proveer todo lo necesario para cumplir lo que nos pide. Si hemos pensado que alguna directiva proviene del Señor pero, después de obedecer, no vimos Su provisión, convendría analizar cuidadosamente para determinar si es el Señor quien está guiándonos. Debemos enfocar las cosas no sólo desde el punto de vista de la fe sino también desde un punto de vista lógico, con la mente sobria. Dios no nos llamará a hacer algo mientras descuidamos otras cosas. No nos dirá que abandonemos la familia dejándoles desamparados, más bien acrecentará nuestras habilidades no sólo para cuidarles sino también para hacer Su obra. Enviará gente que nos ayude a medida que crezca la carga de nuestro trabajo para Él.

Si nos acercamos a Dios buscando respuesta en relación a Su voluntad, ciertamente no debemos dejar fuera el ingrediente de hacerlo con fe. Debemos creer que Él nos dará una respuesta cuando se lo pedimos. Es inútil pedir y luego pensar que Él no contestará. Debemos creer por fe que vamos a recibir.

Las respuestas pueden venir de muchas maneras. Él puede hablarnos con voz audible; sin embargo, ésta es una forma excepcional. O, como generalmente lo hace, Dios puede hablar a través de Su Espíritu que mora en nosotros. Será un conocimiento, un "saber", una certeza" que nos dará paz acerca de tal o cual situación. También nos habla a través de Su Palabra; puede "despertar", o "vivificar" cierto versículo que será la respuesta. Muchas veces, Él traerá una escritura a nuestra mente para guiarnos. En ocasiones podemos recibir la respuesta a través de un libro, o podemos escuchar una enseñanza o un sermón que habla de lo que necesitamos oír. El Señor puede incluso usar a alguien para que nos dé la respuesta. Dios tiene muchas maneras de enviarnos una respuesta cuando sinceramente la buscamos, creyendo por fe que la recibiremos.

Gloria a Dios porque Él vive y está en Su trono, y verdaderamente oye y responde nuestras oraciones. No es necesario que recorramos caminos equivocados para aprender la dura lección. Podemos diligentemente buscar a Dios y Él nos responderá, librándonos así de muchas caídas. Numerosas pruebas y tribulaciones podrían evitarse si buscáramos al Señor con diligencia antes de iniciar la marcha en el que consideramos el justo camino. Dios jamás demanda de nosotros rápidas decisiones cuando se trata de grandes cambios en nuestra vida. Busquemos a Dios atentamente antes de "lanzarnos".

Conocer la voluntad de Dios no es algo automático. Exige confianza, obediencia, estudio, oración, búsqueda y un compromiso total con el Señor. No existe algo tan fácil como "los siete pasos a la victoria". Únicamente el diario caminar con Dios y la comunión con Él nos darán esa victoria. No existe ninguna respuesta exacta, y no hay libro que nos dé las respuestas fuera de la Biblia. Este libro no es la excepción. Ha sido diseñado para brindar las herramientas para que cada uno pueda encontrar las respuestas. En el análisis final, Jesús es la única respuesta para cada uno de nosotros. A medida que lo conocemos más y más, y aprendemos a seguir Sus pasos, caminaremos a nuestra respuesta.

Años atrás, el Señor me despertó una noche diciéndome que escribiera las siguientes palabras. Con amor, comparto este poema profético. Que mientras lo lees, el Espíritu Santo ministre a tu corazón como lo hizo con el mío.

Los pasos de Mi Hijo

(tal como lo inspiró el Espíritu Santo)

Acepta Mi guía en todo lo que haces.
Presta atención a Mi guía cuando te llamo.
A veces no sabrás adónde dirigirte,
Pero al mirarme, Mi voz aprenderás.
Estoy siempre presente, ahora y por la eternidad.
Los esfuerzos que hagas, serán bendecidos por Mí.
Espera ahora, escucha a Mi palabra,
Te diré cosas que nunca has oído.
Porque hay secretos que Yo revelo,
Pero sólo son vistos y discernidos espiritualmente.
Obedece a Mi Espíritu cuando gentilmente hablo Yo,
Porque no viene a los sabios, sino a los mansos.
Toda verdadera sabiduría proviene de Mí.
Busca y encontrarás, si descartas la vanidad,
Porque Mi poder y sabiduría vienen solamente cuando mueres,
De la misma manera que Mi Hijo recibió, al ser crucificado.
Bajo sujeción debe ponerse la carne
Muriendo al yo, esto es lo que Jesús enseñó.
Pero, oh, tan pocos encuentran este camino porque buscan
Honor y gloria, pero rechazan la senda del humilde.

Todo lo que Yo doy viene a través de la muerte,
Porque entonces renace, recibe vida y aliento.
Si, nacida de Mi Espíritu, es hecha de nuevo
Tu vida como un sacrificio, probado y verdadero.
Debes ser sepultado, como un grano de trigo
Para ver el fruto de Mi Espíritu nacer.
Entrega absoluta es lo que Yo requiero,
Luego, puedes tener las cosas que deseas.
La primera vez que vienes a la cruz, Yo te doy
El nacer de tu espíritu y vida, eres nuevo.
Pero la segunda vez, es tu turno para dar.
Debes darme tu vida, si quieres vivir.
Un navío rendido, a través del cual Yo obro.
Sí, Mis elegidos, quiero todo de ustedes.
A medida que te rindas, las cosas viejas pasarán y descubrirás que
Yo crearé un nuevo corazón y una nueva mente dentro de ti.
Mirarás atrás entonces y te preguntarás por qué
Esperaste tanto para finalmente morir.
Sí, la muerte a tu camino y la entrega a Mí.
Plenitud y felicidad, son tuyas, lo ves.
El camino para declarar la victoria obtenida
Viene a ti, sólo cuando sigues los pasos de Mi Hijo.

"Pues para esto fuisteis llamados; porque también Cristo padeció nosotros, dejándonos ejemplo, para que sigáis sus pisadas" (1 Pedro 2:21).

Nota Posterior

Los Miller están muy contentos de recibir correo de sus lectores; sin embargo, no les es posible responder a todas las cartas personalmente dado el volumen de correo que reciben. Ellos estarán encantados de orar junto con los intercesores de todos los que les escriben con una petición de oración, aunque no dan asesoramiento ya que ellos creen que esto debe ser dirigido a los pastores locales como se describe en las Escrituras.

Christ Unlimited Ministries, Inc. es una corporación 501(c) (3) de iglesia sin fines de lucro. Todas las contribuciones son deducibles de impuestos. Agradecemos sus oraciones, estímulos y apoyo. La compra de este libro nos hace posible el poder compartir copias gratis de la Biblia, literatura de enseñanza, materiales de video y audio con ministros en países del tercer mundo, quienes de otra manera no serían capaces de comprar el material.

"El Señor le dio la palabra: era grande la compañía de aquellos que lo publicó" (Salmo 68:11).

Para Estudio Adicional

Este libro fue tomado de un curso de estudio de la Biblia llamado **La Series Sobreponiéndose a la Vida**. Toda la serie es una "caja de herramientas espiritual" virtual, ya que cubre una multitud de temas que cada cristiano enfrenta en su caminar con Dios. También responde preguntas que muchos creyentes tienen concerniente al movimiento actual con Dios. Esto es tratado con un enfoque equilibrado y dentro de la luz de las Escrituras. El pueblo de Dios no debe vivir frustrado, derrotado en la vida, sino que han de ser ¡victoriosos vencedores! Para un estudio más profundo, cada uno de estos libros tiene un cuaderno de trabajo disponible en versión impresa. También se enumeran a continuación libros adicionales escritos por Betty Miller.

Títulos de libros en la
SERIE SOBREPONIÉNDOSE A LA VIDA:

EXAMINA TODO (La Serie Sobreponiéndose a la Vida – Libro 1) - Cristo advirtió que la gran decepción sería uno de los signos de los tiempos finales. Se ofrecen pautas claras Bíblicas para discernir entre el Espíritu de la verdad y el espíritu del error. El libro trata sobre cómo juzgar sin ser crítico. *(Disponible en Impresión, PDF y Kindle, ¡Un libro de trabajo correspondiente estará disponible pronto!)*

EL VERDADERO DIOS (La Serie Sobreponiéndose a la Vida – Libro 2) - Esta es una enseñanza sobre el carácter de Dios, explicando por qué Dios hace ciertas cosas, y por qué está en contra de su naturaleza el hacer otras cosas. Diferencia entre las cosas por las que Dios es responsable y las cosas por las que el diablo es responsable. Nuestra responsabilidad como cristianos destinados a superarnos nos hace claro para que podamos vivir vidas victoriosas. *(Disponible en Impresión, PDF y Kindle, ¡Un libro de trabajo correspondiente estará disponible pronto!)*

LA VOLUNTAD DE DIOS (La Serie Sobreponiéndose a la Vida – Libro 3) - Esta lección nos enseña no sólo cómo conocer la voluntad de Dios en nuestra vida personal, en la familia, en el ministerio y en las finanzas, pero también trae consigo la comprensión de por qué Dios permite el pecado, la enfermedad y el sufrimiento en el mundo. Como vencedores, nosotros los cristianos no deberíamos de estar sufriendo debido a muchas cosas que hemos aceptado como normales. *(Disponible en Impresión, PDF y Kindle, ¡Un libro de trabajo correspondiente estará disponible pronto!)*

LAS LLAVES DEL REINO (La Serie Sobreponiéndose a la Vida – Libro 4) - Las instrucción sobre cómo ganar autoridad en el Reino de Dios a través de la oración es el tema de este libro. Muchos de los principios y métodos de la oración están cubiertos en este libro, tales como la oración en el Espíritu, el ayuno y el rezo, oración de dolor, alabanza, intercesión y guerra espiritual. *(Disponible en Impresión, PDF y Kindle, ¡Un libro de trabajo correspondiente estará disponible pronto!)*

LA DESCRIPCIÓN Y ANDANZAS DE SATANÁS (La Serie Sobreponiéndose a la Vida – Libro 5) - Este libro es una poderosa exhibición de los trucos, tácticas y de las mentiras de Satanás. Los métodos de cultos y métodos ocultistas se enumeran para que así los cristianos puedan detectar sus actividades. Se discute la actividad del demonio, la liberación y la expulsión de demonios es tratado en detalle. Se pone al descubierto el reinado de Satanás y se le enseña al cristiano a superarse por medio del discernimiento espiritual la lucha. *(Disponible en Impresión, PDF y Kindle, ¡Un libro de trabajo correspondiente estará disponible pronto!)*

LA CURACIÓN DEL ESPÍRITU, ALMA Y CUERPO (La Serie Sobreponiéndose a la Vida – Libro 6) - Este libro enseña cómo combatir los problemas emocionales, tanto como los físicos, y como recibir las curación divina. También enseña como renovar la mente carnal y caminar dentro del espíritu de la vida, superando así la depresión, soledad y el temor. *(Disponible en Impresión, PDF y Kindle, ¡Un libro de trabajo correspondiente estará disponible pronto!)*

NI HOMBRE NI MUJER (La Serie Sobreponiéndose a la Vida – Libro 7) - ¿Cuál es el papel de la mujer dentro de la iglesia y el hogar? ¿Quién es la guía espiritual de la mujer, y quien le protege? ¿Llama Dios a la mujer al ministerio de los cinco oficios ministeriales? ¿Qué nos dice la palabra de Dios sobre el divorcio, celibato, y como escoger a una pareja para el matrimonio? Estos y otros tópicos relacionados a la mujer son bíblicamente examinados. *(Disponible en Impresión, PDF y Kindle, ¡Un libro de trabajo correspondiente estará disponible pronto!)*

¿EXTREMOS O EQUILIBRADO? (La Serie Sobreponiéndose a la Vida – Libro 8) - Muchos cristianos han dañado la causa de Cristo a través de enseñanzas y manifestaciones "fuera de balance". Este libro ensena como evitar esas áreas. También trata sabiamente sobre los excesos y extremos en el cuerpo de Cristo. *(Disponible en Impresión, PDF y Kindle, ¡Un libro de trabajo correspondiente estará disponible pronto!)*

LA SENDA HACIA LA VIDA VICTORIOSA (La Serie Sobreponiéndose a la Vida – Libro 9) - Este libro contiene respuestas a preguntas que enfrenta un vencedor al sentir la presión del gran llamado en Jesucristo. ¿Cómo podemos ser conformados a la imagen de Cristo? ¿Cómo funciona el Espíritu Santo con los vencedores al final de los tiempos? ¿Cuáles son las recompensas de los vencedores? *(Disponible en Impresión, PDF y Kindle, ¡Un libro de trabajo correspondiente estará disponible pronto!)*

Títulos de libros en la
LA SERIE DE LOS TIEMPOS FINALES:

GUERRA ESPIRITUAL PERSONAL (La Serie Los Tiempos Finales – Libro 1) - Explica el mundo invisible de las fuerzas espirituales que influyen en nuestras vidas y cómo el bien puede prevalecer sobre el mal a nuestro alrededor mientras nos preparamos para la nueva era del reino que ha de venir. Este libro le ayudará a superar los problemas en sus finanzas, el matrimonio, las presiones emocionales de temor, enojo y dolor. Estas son las claves de la victoria a través de la guerra espiritual. *(Disponible en impresión, PDF y Kindle)*

MARCA DE DIOS O MARCA DE LA BESTIA (La Serie Los Tiempos Finales – Libro 2) - Mucho se ha escrito y dicho acerca de la marca de la bestia, pero poco se ha dicho acerca de la marca de Dios. ¿Qué significa el 666 y que es esta misteriosa marca? ¿Cómo se vincula con el mundo de las finanzas? ¿Ha comenzado ya esta marca? Este libro responde a muchas preguntas acerca de la marca de la bestia y la marca de Dios, y cómo afectan a los cristianos. *(Disponible en Impresión, PDF y Kindle)*

MATERIAL DEVOCIONAL:
SABIDURÍA DE DIOS PARA LA VIDA DIARIA - La sabiduría de Dios para la vida diaria por Betty Miller es un devocional de 365 días basado completamente en el libro de Proverbios. Este libro único es algo más que un devocional diario; sino que también es una serie de mini-enseñanzas, que te ayuda a estudiar y meditar en la Palabra de Dios. Proverbios revela la Sabiduría de Dios, y nos ayuda a saber cómo hacer frente a los problemas cotidianos a los que todos nos enfrentamos. Este libro en particular nos da consejos piadosos en el área de las relaciones, el matrimonio, la educación de niños, manejo de dinero, problemas de salud, y decenas de otros temas y cosas oscuras que, por la curiosidad de la gente, han deseado saber. La Biblia es un regalo de Dios a la humanidad, y el regalo de Betty Miller de la enseñanza ayuda a los que tienen corazones que buscan obtener este conocimiento y aplicarlo a su vida diaria. El devocional tarda sólo 5 minutos al día para leer, pero la sustancia persistirá con usted todo el día. Vea el comentario de un lector abajo. *(Disponible en Impresión y Kindle, disponible pronto en Aplicación Móvil.)*

Muchos de estos libros se han redactado, pero ninguno se compara con el de Betty Miller. Esto realmente es un diario de referencia esencial y fuente de inspiración para cualquier persona que quiera estar más cerca de Dios. Ella tiene una increíble conexión con el Espíritu Santo ya que sus palabras parecen penetrar en el alma del lector. He estado leyendo este libro de manera intermitente durante años y siempre descubro algo nuevo que yo no había visto antes, no importa cuántas veces lo he leído. También es una excelente guía para enseñar y aconsejar a otros. ¡Muy recomendable! - C. A.

Si este libro te ha bendecido, nos encantaría seguir dándote ministerio a través de nuestra página web. Si usted busca artículos adicionales, materiales de estudio, respuestas de la Biblia, apoyo en oración, u otros materiales de recursos bíblicos visitarnos hoy.

www.BibleResources.org

Christ Unlimited Ministries, Inc.
P.O. Box 850
Dewey, AZ 86327
U.S.A.

Propósito y Visión

"Id, pues, y haced discípulos a todas las naciones, bautizándolos en el nombre del Padre, y del Hijo, y del Espíritu Santo, enseñándoles que guarden todas las cosas que os he mandado: y he aquí yo estoy con vosotros todos los días, hasta el fin del mundo. Amén"
(Mateo 28: 19-20).

El Cristo ilimitado no es "otra denominación", secta, o simplemente un grupo separado. Es un brazo del Cuerpo de Cristo-la Iglesia de Jesucristo, que ha sido llamado a fortalecer el Cuerpo en general. También creemos que hemos sido llamados para ayudar a establecer el Reino de Dios en la tierra.

El Cristo Ilimitado está involucrado con todos los cristianos creyentes en la Biblia, independientemente de su iglesia o afiliación o denominación y que están comprometidos a ayudar siempre que sea posible en evangelizaciones y en enseñanza de acercamiento.

El Cristo Ilimitado cree que el tiempo se está acabando y el evangelio no ha sido predicado a toda criatura. Muchas naciones no han escuchado el Evangelio, y en muchos lugares, las puertas para la evangelización se están cerrando. Creemos que es hora de que todos los cristianos cooperen con el Señor en la rotura de las paredes de la denominación en una línea de frente único contra el reino de la oscuridad y en el establecimiento del Reino del Señor Jesucristo por el poder del Espíritu Santo.

El Cristo Ilimitado ofrece herramientas para permitir a los santos de Dios a establecer el Reino de Dios en la tierra. Alentamos los grupos de guerreros de la oración que oren, ayunen, e intercedan por las naciones. Esto, creemos, es el arma número uno. Enseñamos a los creyentes la manera de superarse a través de la guerra espiritual y por medio de saber cómo utilizar su autoridad en Cristo Jesús por medio de la Palabra y el poder del Espíritu Santo.

Los cristianos necesitan saber cómo reducir las fuerzas de la oscuridad en sus propias vidas y en las vidas de aquellos a quienes ministran. Proporcionamos herramientas tales como Biblias, literatura, libros sobre Cristo Ilimitados y un ministerio de oración en línea. Publicamos el Evangelio a través de cualquier medio de comunicación, incluido Internet, vídeos, así como literatura. Tenemos seminarios de enseñanza, escuelas Bíblicas, y cursos por correspondencia, todo ello encaminado para ganar almas para Cristo y la construcción del Cuerpo de Cristo en la madurez.

Bud y Betty Miller sirven al Señor juntos como fundadores del ministerio de alcance multi-visionario de Cristo Ilimitado. Los alcances de este ministerio se han originado a partir de un gran deseo de que la Palabra de Dios sea enseñada en su totalidad equilibrada. Los Miller son firmes creyentes en la oración y, a través de la oración, han visto a muchos haber sido liberados de la esclavitud del temor, del fracaso y de la derrota.

Los alcances de Cristo Ilimitado están en obediencia a las palabras de nuestro Señor. **"Id por todo el mundo y predicad el evangelio a toda criatura" (Marcos 16:15).** Este mandato del Señor representa un desafío para nuestra generación ya que como un estimado del 25 por ciento de la población mundial todavía no ha oído las Buenas Nuevas de Jesucristo.

El ministerio de Cristo Ilimitado también se dedica a la enseñanza de la Palabra de Dios. **Oseas 4: 6** nos dice, **"Mi pueblo fue destruido porque le faltó conocimiento".** Muchos cristianos están llevando vidas derrotadas, simplemente porque no conocen la Palabra de Dios en toda su plenitud.

El Ministerio de Cristo Ilimitado ha provisto para aquellos que desean conocer la Palabra de Dios de una forma mayor. El principal objetivo de la enseñanza y la literatura se dirige a "Cómo poder ser un vencedor." En los últimos días, tenemos que estar preparados para superar los ataques de Satanás. Muchos cristianos están sufriendo innecesariamente, porque no saben cómo superar la enfermedad, la depresión, el divorcio, el temor y el fracaso financiero. El Ministerio de Cristo Ilimitado proporciona respuestas para las familias con problemas, así como capacitación a los trabajadores para el servicio.

Si te gustaría participar en traer libre de las enseñanzas de la Biblia a misioneros en todo el mundo, ganar almas para Cristo,
y construir el cuerpo de Cristo a la madurez, se convierten en un socio en este esfuerzo de hoy.

Convertirse en un socio en línea en BibleResources.org

o

Convertirse en un socio por contribuciones al correo:
Christ Unlimited Ministries
P.O. Box 850
Dewey, AZ 86327

CHRIST UNLIMITED MINISTRIES es una sin fines de lucro, exenta de
impuestos Iglesia, bajo sección 501(c)(3) del código tributario.
Todas las contribuciones son deducibles de impuestos.

www.ingramcontent.com/pod-product-compliance
Lightning Source LLC
Chambersburg PA
CBHW052043070526
44584CB00018B/2588